Corrado Conforti · Linda Cusimano

Linea dir

Corso di italiano

Guida per l'insegna

Guerra Edizioni

Elenco delle fonti

Foto di copertina: © (Philip Habib) tony stone, Monaco

Pag. 196: © 1968 by EDIZIONI CURCI S.r.l., Milano

Pag. 197: © 1968 by Ed. BMG Ricordi S.p.a., Roma

Pag. 198: © 1982 by Ed. BMG Ricordi / L'ALTRA META / GELSOMINO

Pag. 199: © 1990 by ASSIST S.p.a. / DAMALUNA S.r.l.

Pag. 200: © 1991 by Ed. BMG Ricordi S.p.a. (ex Senza Pensieri) BLUE TEAM MUSIC S.r.l.

3. 2. 1.
2001 2000 99 98

1. Edizione

Copertina: Zembsch' Werkstatt, Monaco

Stampa: Guerra guru s.r.l. - Perugia
Printed in Italy
ISBN 88-7715-401-2

Indice

Introduzione

Linea diretta è un corso di italiano ideato per un pubblico di adulti, ma che può essere usato anche nelle scuole superiori.

Il corso presta particolare attenzione allo sviluppo delle quattro abilità (ascoltare, parlare, leggere e scrivere) e all'apprendimento delle strutture morfosintattiche della lingua italiana.

Linea diretta è strutturato in due volumi: il primo per principianti ed il secondo per chi possiede già delle conoscenze della lingua italiana.

Ogni volume comprende:
- un manuale contenente il materiale per la lezione da svolgere in classe,
- un libro degli esercizi contenente attività per il lavoro individuale a casa,
- due audiocassette o due CD,
- una guida per l'insegnante.

Linea diretta 1 – Manuale

Comprende 15 lezioni i cui temi riguardano la vita quotidiana, i rapporti interpersonali e il mondo del lavoro. Il libro è completato da una sintesi grammaticale di rapida consultazione, da un glossario in cui vengono riportati i vocaboli nell'ordine con il quale sono apparsi nelle lezioni e infine da una lista alfabetica degli stessi vocaboli.

Struttura di una lezione

Il processo di apprendimento è strutturato in tre fasi che riguardano nello stesso modo la lingua orale e la lingua scritta. Partendo da attività ricettive, si passa, attraverso un processo di analisi e di esercitazione, a una fase di produzione.

Il punto di partenza di ogni lezione è un ascolto in cui due o tre persone agiscono in modo da riprodurre una delle tante situazioni della vita di ogni giorno.
In seguito ci occuperemo più dettagliatamente del modo in cui usare gli ascolti. Per il momento vogliamo soltanto ricordare all'insegnante l'importanza di questa attività. Ascoltare, per lo studente, significa abituarsi al ritmo e all'intonazione della lingua, significa familiarizzare con la sua nor-

male fluenza, la stessa fluenza alla quale lo studente si propone certamente di avvicinarsi il più possibile. Trascurare tale attività significa negare allo studente il suo punto di riferimento più importante. Volendo fare un esempio è un po' come voler insegnare a qualcuno a nuotare senza permettergli di entrare in acqua.

Dal brano registrato con il quale inizia ogni lezione abbiamo estratto ogni volta tanti dialoghi che vanno da un minimo di due a un massimo di dieci battute e che ci sono sembrati interessanti da un punto di vista grammaticale e/o funzionale. Attraverso tali dialoghi ci siamo proposti di insegnare le strutture e le espressioni della nostra lingua; ad essi abbiamo fatto di norma seguire degli esercizi di consolidamento e di produzione orale.
Ad ogni lezione abbiamo poi aggiunto uno o più testi scritti il cui fine è quello di integrare quanto in essa è emerso fino a quel momento. Anche a queste letture seguono di norma esercizi di consolidamento e di produzione orale o scritta.
Conclude la lezione un test in cui viene valutato il grado di apprendimento raggiunto al termine di ogni unità.

Dialoghi iniziali

I dialoghi iniziali di ***Linea diretta 1*** sono «autentici» nel senso che, se pure registrati in studio, sono stati realizzati da speaker di lingua madre italiana i quali, di volta in volta, hanno improvvisato delle conversazioni esprimendosi con le loro normali fluenza ed intonazione. (Un'unica eccezione è presente nel dialogo iniziale della lezione 1 dove il personaggio di Hildegard è stato interpretato da una speaker tedesca.)
Dialoghi di questo tipo pongono ovviamente maggiori difficoltà di comprensione di quante ne porrebbero dialoghi scritti e poi recitati, ma sono quelli che più si avvicinano alla realtà della lingua parlata.
Compito dello studente in questa attività non è quello di capire tutto (sarebbe impossibile), ma quello di sforzarsi di capire, esattamente come farebbe se si trovasse in Italia in una situazione in cui fosse costretto a cavarsela da solo. Affrontando questa attività si dovrà spiegare allo studente che quello che gli si chiede è una sorta di ginnastica del proprio orecchio e della propria capacità di comprensione, ginnastica che lo porterà progressivamente a capire sempre di più e che gli è essenziale quanto l'apprendimento delle conoscenze grammaticali e lessicali.

Dialoghi estratti

Da ogni dialogo iniziale sono stati estratti alcuni brevi brani che, trascritti e, a volte, lievemente corretti, sono stati poi recitati cercando di ripetere il più fedelmente possibile l'intonazione originaria.
Le correzioni apportate sono dovute a vari motivi: sovrapposizione di voci, presenza di forme errate che si riscontrano a volte nella lingua parlata, oppure, meno spesso, eccessiva lunghezza dei brani.
Gli esercizi successivi a questi dialoghi, e che dei dialoghi mettono in evidenza le forme, hanno la funzione di far apprendere allo studente le strutture grammaticali, le regole sintattiche, le espressioni necessarie alla realizzazione di determinate intenzioni comunicative, nonché l'esatta pronuncia e la corretta intonazione necessarie ad esprimersi.
Anche con i dialoghi estratti, così come con l'ascolto iniziale, si deve cercare di portare lo studente alla «conquista» del contenuto. Il fine che qui ci si propone è comunque, diversamente da quanto avveniva con il dialogo iniziale, la comprensione di tutte le parole.

Dettati

Uno dei brani estratti non è stato trascritto interamente. Sono state invece omesse alcune parole, quelle che però, essendo già presenti nella lezione di cui il dettato fa parte o nelle lezioni precedenti, sono già note agli studenti. Scopo dell'esercizio sarà dunque quello di riconoscere tali parole e di scriverle negli appositi spazi contemporaneamente all'ascolto del brano.

Letture

In ogni lezione sono stati inseriti uno o più testi il cui fine è quello di far familiarizzare lo studente con la lingua scritta. Si tratta di testi diversi, alcuni in stile colloquiale (per lo più lettere e cartoline), altri (estratti e a volte adattati da riviste o da altre pubblicazioni) scritti in uno stile meno familiare. Quello che può sorprendere in alcuni di questi testi è la loro relativa lunghezza e, a volte, la loro relativa complessità sintattica. Entrambe non sono casuali. Ricalcando l'operazione fatta con i dialoghi con cui inizia ogni lezione, si è cercato infatti di presentare allo studente dei brani di lingua scritta quanto più possibile «credibili», privi cioè di quelle forzature che spesso, per assolvere a precisi fini «grammaticali», snaturano del tutto l'attendibilità del testo. È ovvio che brani di questo tipo richiedono allo studente una concentrazione maggiore, risultando a volte addirittura «difficili» là dove lo studente voglia subito impossessarsi del significato di tutte le parole presenti nel brano. Ma, analogamente a quanto è stato fatto con l'attività di ascolto, quello che qui si chiede allo studente non è di capire ogni parola del testo, bensì il significato generale del brano.

Riquadri di riflessione sulle forme

Spesso subito dopo i dialoghi estratti o le letture si trovano nel manuale degli specchietti (riquadri azzurri) che hanno lo scopo di evidenziare e a volte di ampliare le strutture morfosintattiche che sono comparse nel dialogo o nelle letture.
Il compito dell'insegnante sarà quello di guidare lo studente nell'apprendimento delle regole grammaticali facendolo riflettere prima su quanto compare nel testo e poi su quanto viene proposto in questi schemi.

Esercizi

Ad ognuno dei dialoghi iniziali e ad ogni lettura seguono esercizi di verifica della comprensione del testo. Si tratta per lo più di esercizi a scelta multipla, di esercizi basati sul concetto di vero/falso e infine di esercizi in cui lo studente deve rispondere per iscritto a domande poste sul contenuto di quanto ha ascoltato o letto.
Ai dialoghi estratti seguono invece esercizi di consolidamento dei contenuti morfosintattici: esercizi di completamento, di sostituzione, di trasformazione, di espansione e di combinazione. Si tratta per la maggior parte di esercizi interattivi da svolgere con un partner. Anche agli esercizi pensati per essere svolti individualmente segue sempre un confronto fra gli studenti.

Attività di produzione libera (E adesso tocca a voi!)

Con quest'esortazione sono presentate quelle attività di produzione orale o scritta in cui gli studenti, spontaneamente o assumendo un ruolo fittizio, dovranno mettere in pratica le conoscenze morfosintattiche e lessicali apprese fino a quel momento.

Test

I test con i quali si chiude ogni lezione sono, come detto, test grammaticali di ricapitolazione. Possono essere svolti a casa o in classe e vogliono essere l'ultimo controllo su quanto appreso prima di passare alla lezione successiva.

Linea diretta 1 – Libro degli esercizi

Il libro degli esercizi vuole essere un mezzo a disposizione dello studente per approfondire e fissare quanto è stato appreso in classe. In particolare contiene:

- esercizi di consolidamento di vario tipo,
- esercizi di ascolto fonologico,
- schemi grammaticali che lo studente dovrà completare,
- letture,
- giochi (cruciverba, indovinelli etc.),
- lista dei vocaboli nuovi contenuti negli esercizi e nelle letture,
- soluzioni degli esercizi.

Il libro degli esercizi è stato pensato per il lavoro individuale a casa, tuttavia l'insegnante, se lo riterrà opportuno, potrà usarlo in parte anche in classe. Le attività in esso contenute vanno svolte dopo quelle del libro di testo a cui rimanda il simbolo (⇨ 4).

Linea diretta 1 – Guida per l'insegnante

Scopo della presente guida è quello di fornire all'insegnante spiegazioni, suggerimenti e, a volte, esercizi supplementari che lo mettano in grado di svolgere con sicurezza e competenza ognuna delle lezioni del manuale.
A ciascuno dei punti presenti nel manuale corrispondono nella guida per l'insegnante le indicazioni necessarie affinché le spiegazioni morfo-sintattiche e funzionali da fornire alla classe siano chiare ed esaurienti, soprattutto quelle relative alla lingua parlata i cui meccanismi sono stati segnalati di volta in volta.

Concludendo questa introduzione ci sembra infine doveroso rivolgere un saluto e un ringraziamento ai colleghi ed amici della Di.L.It. I.H. di Roma. Senza la loro esperienza didattica, alla quale ci siamo costantemente ispirati, questo libro non sarebbe mai nato.

Il primo approccio con la classe

È importante stabilire fin dall'inizio un'atmosfera di simpatia in classe e far sì che il gruppo cominci subito a «legare».
Vale la pena dunque di dedicare una parte della prima ora di lezione ai contatti interpersonali badando inoltre a creare un ambiente il più possibile italiano. Quando gli studenti saranno arrivati, dopo esservi presentati, formate delle coppie di studenti e chiedete loro di intervistarsi a vicenda nella loro madrelingua o in una lingua comune. Lasciate parlare gli studenti per una decina di minuti. Alla fine ogni studente presenterà agli altri la persona con cui ha parlato. Per l'insegnante questa attività è importante per venire a sapere se ha in classe dei veri o falsi principianti, se gli studenti hanno già imparato una lingua straniera o un'altra lingua romanza, se sono già stati in Italia, perché studiano l'italiano etc.

Come formare le coppie

Ci sono vari modi per formare delle coppie. Si possono prendere delle carte da gioco e mettere insieme le persone in base alle figure e ai numeri (asso con asso, due con due etc.) oppure si possono tagliare delle vecchie cartoline in due parti, in modo che le persone che hanno le due parti della stessa cartolina si ritrovino poi insieme. Seguendo lo stesso principio, si possono usare delle piccole schede o dei foglietti sui quali si siano scritte delle parole italiane che tutti conoscono (naturalmente bisogna scrivere due volte la stessa parola). Si possono scrivere anche nomi di città italiane, oppure si possono fare semplicemente dei disegni. Si possono anche usare le tessere del memory.

Come si comincia

Per rompere il ghiaccio all'inizio della lezione si possono invitare gli studenti a dire le parole italiane che conoscono.

È anche importante presentare brevemente il libro di testo ed il materiale che lo accompagna.

Quindi l'insegnante si presenta in italiano dicendo: *Mi chiamo ...* e invitando gli altri studenti a presentarsi con la stessa frase.

A questo punto si inizia con la prima lezione.

Ciao, come stai?

Situazione: A una festa Luciana presenta Michele a Hildegard.

Principali intenzioni comunicative: Salutare. Presentare due persone. Parlare di sé. Informarsi sull'altro. Offrire qualcosa. Esporre un problema e chiedere collaborazione.

Elementi morfosintattici: Uso dei pronomi personali soggetto (*io, tu, Lei*). *Essere* (*sono, sei, è, siamo*). Articoli determinativi (*il, la, l', lo*) e indeterminativi. Sostantivi e aggettivi al singolare. Le tre persone singolari del presente indicativo dei verbi regolari e di alcuni verbi irregolari. I numeri fino a 20. Alcune preposizioni (*di, a, in, da, per*). Alcuni imperativi (*senta!, senti!, scusi!, scusa!*). Il suono velare e palatale della *c* e della *g*. I nessi consonantici *gl, gn* e *qu*.

Trascrizione del dialogo iniziale

■ *Ciao, Luciana!*
● *Ciao, Michele!*
■ *Come stai?*
● *Bene. E tu?*
■ *Bene anch'io, grazie.*
● *Senti, posso presentarti la mia amica Hildegard? Hildegard, questo è Michele.*
■ *Piacere!*
▲ *Piacere!*
● *Senti, io devo andare un attimo di là. Ragazzi, vi lascio un attimo, eh? A fra poco.*
■ *Sì, ci vediamo dopo… Sì, scusi, non ho capito bene il Suo nome. Come si chiama?*
▲ *Mi chiamo Hildegard Schneider.*
■ *Come, scusi?*
▲ *Hildegard Schneider. Hildegard è il nome e Schneider è il cognome.*
■ *Ah, bene. E Lei è tedesca?*
▲ *Sì, sì, sono tedesca.*
■ *E di dove?*
▲ *Di Freising.*

■ *Freising? Dov'è?*
▲ *In Baviera, vicino a Monaco.*
■ *Ah certo, e … ma Lei parla benissimo l'italiano, complimenti.*
▲ *Grazie. È perché mio marito è italiano.*
■ *Ah, per questo! E Lei è qui in vacanza?*
▲ *No, magari, sono qui per lavoro.*
■ *Ah, per lavoro. E che lavoro fa?*
▲ *Sono architetto.*
■ *Ah, bene… Sì, senti, ma noi siamo amici di Luciana, possiamo darci del tu, no?*
▲ *Sì, sì, volentieri. Sì, è naturale.*
■ *Bene.*
▲ *Ma senti, scusa, non mi ricordo bene il tuo nome.*
■ *Ah, io mi chiamo Michele.*
▲ *Ah, Michele, sì, sì. E tu sei di Firenze?*
■ *No, io sono di Roma, ma abito a Firenze da sei anni.*
▲ *E cosa fai qui, studi?*
■ *No, non più, lavoro in una libreria.*
▲ *Ah, bene.*
■ *Sì, senti, vuoi bere qualcosa, non so un vino bianco, un vino rosso.*
▲ *Preferisco il prosecco, se è possibile.*
■ *Un prosecco, benissimo, sì, sì, un prosecco.… Bene, allora, ecco qui. Allora salute, eh?*
▲ *Alla salute!*
■ *Salute!*

1 Questionario

Procedimento: Fate innanzitutto chiudere i libri e invitate poi gli studenti ad ascoltare il dialogo introduttivo avvisandoli che si tratta di un brano autentico e che il loro compito non è ancora quello di capire tutto (sarebbe impossibile), ma di abituare il loro orecchio alla melodia e al ritmo della lingua italiana. Invitateli ad ascoltare il dialogo come se questo fosse un brano di musica. Se volete, potete aggiungere che spesso, quando ascoltiamo una melodia, riusciamo a capire se questa è francese, italiana, tedesca, araba o giapponese. Così è anche per le lingue: ognuna ha delle caratteristiche proprie e la propria musicalità. Un discorso di questo tipo ha naturalmente una funzione strategica: si tratta di tranquillizzare lo studente di fronte a un brano che, senza una adeguata presentazione, potrebbe scoraggiarlo. In realtà, anche se attento soltanto alla «melodia» della lingua, lo studente riuscirà senz'altro a capire qualcosa.

Dopo il primo ascolto gli studenti probabilmente diranno che gli speaker parlano molto velocemente. Dite che gli italiani di solito parlano così e che è esattamente questo ciò che volevate far loro osservare. Non chiedete niente sul contenuto del dialogo, ancora non è il momento. Se qualche studente dovesse dire quello che ha capito, non confermate né correggete, passate invece al secondo ascolto, chiedendo semmai alla classe di concentrarsi per verificare se è vero o no quanto quello studente sostiene di aver capito.

Con il secondo ascolto lo studente dovrà sforzarsi di afferrare qualcosa del contenuto; chiedete dunque alla vostra classe di concentrarsi per capire la «direzione» del dialogo. Dite ai vostri studenti che quello che capiranno sarà probabilmente poco (il che naturalmente è vero solo in parte). Questo però servirà a tranquillizzare le persone più deboli e a far sì che chiunque si senta gratificato, perché sicuramente avrà capito più di quello che si pretende da lui. Notate infatti che, nonostante la relativa lunghezza del brano e la fluenza dei dialoghi, il contenuto dell'ascolto non presenta particolari difficoltà. La nazionalità di Hildegard risulta chiara anche a un orecchio non familiarizzato con la lingua italiana, e nello stesso modo risultano chiari anche la città da dove Hildegard proviene e il lavoro che svolge. Facilmente comprensibili sono ancora la città di Michele e quello che Hildegard beve.

Formate adesso delle coppie di studenti (se questi fossero dispari avrete alla fine un gruppo di tre persone). Dite loro di confrontare quello che hanno capito del contenuto del dialogo. È molto probabile che qualcuno vi dirà di non aver capito niente. Rispondetegli che non è possibile. Spiegategli che può aver capito poco, o anche pochissimo, ma che è assolutamente impossibile che non abbia capito niente. Certamente ha capito almeno quante sono le persone che parlano e molto probabilmente anche il nome di due di loro. Ditegli ancora che lo scambio di informazioni che sta per avere con l'altro studente lo aiuterà a capire di più durante l'ascolto successivo. Naturalmente lo scambio di informazioni fra gli studenti avverrà per le prime lezioni nella loro lingua o in una lingua comune.

Fate ascoltare il dialogo ancora una terza volta variando alla fine le coppie. Una tecnica di variazione può essere quella presentata qui sotto.
Immaginate di avere una classe composta da 12 studenti. Assegnando ad ognuno una lettera dell'alfabeto avrete per il primo scambio di informazioni le seguenti sei coppie: AB C D E F G H I J K L

Il secondo scambio di informazioni avverrà invece nel modo seguente:
BC DE FG HI JK LA
Basta in pratica spostare un solo studente (A) perché tutti si trovino a dover parlare con un compagno diverso. È importante che questo confronto avvenga sempre con un compagno di corso differente. Ogni studente infatti non solo riferirà quanto ha capito, ma anche quanto gli era stato riferito prima, per cui, attraverso la variazione delle coppie, ogni eventuale nuova informazione giungerà progressivamente a tutti gli studenti. Non intervenite durante l'attività di confronto, né mettetevi ad origliare. In entrambi i casi l'unico risultato che otterreste sarebbe quello di inibire gli studenti. Se qualche studente vi chiedesse conferma di quanto ha capito, ditegli che in questo momento deve lavorare da solo, ma che alla fine dell'attività risponderete volentieri ad ogni domanda. Quello che deve risultare chiaro, per l'ascolto e per le altre attività, è che lo studio della lingua comporta sì la vostra guida, ma anche e soprattutto il lavoro individuale e collettivo degli studenti.

Ripetete l'ascolto ancora una o due volte variando ogni volta le coppie (per es.: BD CE FH GI JL KA).

Non è impossibile che alla fine della serie di ascolti qualche studente vi chieda di ascoltare ancora (forse vuole sincerarsi se quanto un altro studente gli ha riferito è giusto, o forse gli sembra di aver capito qualcosa di nuovo e ne vuole conferma). Non scoraggiate mai la buona volontà. Fate dunque ascoltare ancora una volta. Ricordatevi tuttavia di non intervenire nell'attività, perché è probabile che alla fine dell'ascolto lo studente vi chieda di sciogliere il dubbio che lo ha portato a chiedere di ascoltare ancora una volta.

Fate adesso aprire il libro a pagina 11 e leggete ad alta voce le frasi del questionario spiegando eventualmente le parole che gli studenti non capiscono. Fate quindi svolgere l'esercizio.

Quando gli studenti avranno completato in tutto o in parte il questionario, fate ascoltare il dialogo ancora una o due volte in modo che ognuno possa verificare la correttezza delle sue risposte.

Prima di verificare insieme alla classe, fate confrontare ancora una volta gli studenti fra loro.

In questa guida all'inizio di ogni lezione, viene riportata la trascrizione del dialogo introduttivo. La trascrizione è ad uso esclusivo dell'insegnante. Sarebbe uno sbaglio fotocopiare il testo e metterlo a disposizione degli

studenti. Una scelta di questo tipo comporterebbe un errore di metodo. Durante questa attività infatti lo studente deve sforzarsi di afferrare il senso generale di quello che ascolta (e non di quello che legge), anche se ovviamente non comprende ogni singola parola. Solo in questo modo però riuscirà pian piano a sviluppare quelle capacità di deduzione che gli permetteranno poi di cavarsela con un interlocutore italiano. Questo è un punto che bisogna chiarire con gli studenti sin dalla prima lezione. Fate loro magari scherzosamente notare che non potranno certo pretendere dai loro futuri interlocutori italiani la trascrizione di quanto gli diranno.
Un altro motivo per cui sarebbe controproducente dare agli studenti la trascrizione del dialogo iniziale è che a volte si troverebbero davanti ad un testo non sempre del tutto corrispondente a quello dei dialoghi estratti, dialoghi sui quali ci si è basati per la preparazione degli esercizi. Inoltre il dialogo introduttivo è un brano di lingua parlata e, come tale, potrebbe contenere a volte degli errori che non è assolutamente il caso di presentare agli studenti.

Soluzione: **a.** *tedesca* **b.** *Freising* **c.** *architetto* **d.** *Roma* **e.** *un prosecco*

Dialogo

2

Situazione: Michele incontra Luciana.
Principali intenzioni comunicative: Salutare.
Principali elementi morfosintattici: La seconda e la terza persona singolare del verbo *stare*.
Procedimento: Dite innanzitutto ai vostri studenti di chiudere il libro e fate ascoltare il dialogo un paio di volte. Fate adesso ascoltare soltanto la prima battuta e chiedete alla classe di ripeterla. Qualora gli studenti avessero difficoltà, fatela ascoltare ancora e, nel caso in cui nessuno la ripetesse correttamente, fornitela voi e fatela quindi ripetere curando oltre alla giusta pronuncia anche la corretta intonazione. Quando tutti avranno ripetuto la battuta, scrivetela alla lavagna.
Fate ascoltare adesso la seconda battuta e procedete come avete fatto con la prima. Quando anche questa sarà stata ripetuta correttamente, formate delle coppie di studenti (o dividete la classe in due gruppi) e fate ripetere loro lo scambio di battute (*Ciao, Luciana! Ciao, Michele!*). Scrivete quindi la battuta alla lavagna e procedete nello stesso modo per il resto del dialogo, facendo ripetere lo scambio di battute ogni volta che al dialogo ne verrà acquisita una nuova. Gli studenti ripeteranno cioè: *Ciao, Luciana!/ Ciao*

Michele!/Come stai?, e quindi: *Ciao, Luciana!/Ciao Michele!/Come stai?/ Bene, grazie e tu?*, e alla fine: *Ciao, Luciana!/Ciao Michele!/Come stai?/Bene, grazie e tu?/Bene anch'io, grazie.*

Una volta che gli studenti avranno ripetuto l'intero scambio di battute, fate aprire il libro a pagina 12 e, dopo aver fatto ascoltare per l'ultima volta il dialogo, spiegate la differenza fra la forma confidenziale e quella formale.

Approfittate dell'illustrazione per fornire già una piccola notizia di civiltà. Spiegate che i baci scambiati sono sempre due e che un saluto di questo tipo non è raro neanche fra gli uomini.

Chiedete ora agli studenti se notano delle differenze di pronuncia e di ortografia fra l'italiano e la loro lingua. Probabilmente noteranno la grafia *ci* di *ciao* e *Luciana* per il suono palatale della *c* e la grafia *ch* per il suono velare della stessa lettera in *Michele* e *anch'io*.
Chiedete agli studenti di provare a dedurre la regola delle grafie necessarie per rappresentare il suono duro e quello dolce della *c*. Una volta chiarita la regola, se volete, potete anche scrivere alla lavagna altre parole generalmente conosciute che contengono questi suoni (per es. *Chianti, zucchero, cappuccino* etc.) e invitare gli studenti a leggerle.

3 Esercizio

Innanzitutto cercate di sfruttare le capacità deduttive degli studenti invitandoli a leggere ad alta voce i nomi dei personaggi raffigurati (e correggendo i probabili errori). Evidenziate anche il suono palatale di *gn* in *Magnani*. Passate poi allo svolgimento dell'esercizio secondo il procedimento indicato qui sotto.

Chiedete agli studenti: *Il signor Fallaci e la signora Marchi secondo voi si danno del tu o del Lei?* (Questo eventualmente anche nella lingua degli studenti). Una volta stabilito il tipo di relazione fra i due, domandate ancora: *Che cosa dice il signor Fallaci quando incontra la signora Marchi?*
Ripetete quindi l'esercizio con Giovanna e Michele.

Formate adesso delle coppie di studenti. Fate ripetere loro il dialogo. Gli studenti devono decidere, per ogni coppia che hanno scelto, se il dialogo deve essere svolto usando il *tu* o il *Lei*.

Dopo che gli studenti avranno esercitato i dialoghi in coppie, chiedete loro di ripeterne tre o quattro in plenum.

Dialogo 4

Situazione: Luciana presenta Hildegard a Michele.
Principali intenzioni comunicative: Presentare. Salutare dopo una presentazione.
Principali elementi morfosintattici: *Questo/questa*. Gli articoli *il* e *la*. La terza persona del verbo *essere*.
Procedimento: Dopo aver fatto ascoltare un paio di volte a libro chiuso l'intero dialogo, fate ascoltare la prima battuta e chiedete ai vostri studenti di ripeterla. La battuta è piuttosto lunga, sarà quindi poco probabile che gli studenti riescano ad afferrarla e a ripeterla tutta. Qualcuno vi dirà forse: *Michele ... amica Hildegard ... Michele.* Scrivete quanto vi è stato detto alla lavagna tracciando tante linee quante sono le parole che mancano all'enunciato completo (*Michele* ______ ________ ___ ____ *amica Hildegard?* ________ _______ _____ *Michele*). Fate quindi riascoltare la battuta e scrivete di volta in volta le parole che gli studenti vi diranno. Sarete voi naturalmente a fornire alla fine, ma solo alla fine, quelle parole (se ve ne saranno) che la classe non è riuscita ad afferrare.
La difficoltà di capire la prima battuta non si ripeterà comunque per la seconda e per la terza.

Una volta scritto l'intero dialogo e dopo averlo fatto ascoltare ancora una volta, passerete ad eventuali spiegazioni. Naturalmente l'espressione *posso presentarti* verrà memorizzata senza che l'insegnante si dilunghi in spiegazioni circa la coniugazione del verbo *potere* o la posizione del pronome.
Nelle due presentazioni raffigurate sotto il dialogo metterete inoltre in evidenza come in quella formale non si usa il dimostrativo *questo/a*. Dire: *Questa è la signora De Cesari* non sarebbe infatti cortese. Fate notare ancora la differenza fra *posso presentarti* e *posso presentarLe* e i cambiamenti di registro possibili nella risposta.
Evidenziate anche il genere del nome, dell'aggettivo e dell'articolo.

Esercizio 5

Fate eseguire l'esercizio individualmente, facendo poi confrontare i risultati in coppia, oppure fatelo svolgere direttamente in coppia. Alla fine confrontate i risultati in plenum.

Soluzione:
a,b,e: *posso presentarti* **c,d,f:** *posso presentarLe*

⑥ E adesso tocca a voi!

Come già accennato nell'introduzione, questa esortazione compare nel libro tutte le volte in cui verrà chiesto ai vostri studenti di mettere in pratica le conoscenze che hanno acquisito fino a quel punto della lezione. Si tratta dunque di un esercizio che riguarda lo studente e nel quale il ruolo dell'insegnante sarà unicamente quello di avviare l'attività.

Procedimento: Cercate di riprodurre la situazione del dialogo facendo ascoltare a volume piuttosto basso una musica italiana.
Fate alzare in piedi tutti i vostri studenti radunandoli in una parte dell'aula dove non ci sono banchi; quindi dite loro di muoversi liberamente per la classe.
Quando interromperete la musica, gli studenti dovranno formare dei gruppi di tre o più persone e quindi presentare uno studente all'altro o agli altri, usando la forma confidenziale o quella formale. Quando «riattaccherete» la musica i gruppi dovranno sciogliersi e altri dovranno formarsi quando la interromperete di nuovo. Ripetete l'attività quattro o cinque volte.

Dopo aver spiegato la dinamica dell'esercizio, astenetevi dal parteciparvi. Lasciate che i vostri studenti agiscano in assoluta libertà. Mettetevi dunque in disparte e non intervenite se sentirete degli errori. In questo momento i vostri studenti stanno «provando» la lingua. Hanno capito quello che devono fare e quello che devono dire; ora si tratta di metterlo in pratica e, come in un ballo, è normale che qualche passo sia sbagliato. Lasciate che facciano i loro errori. Intervenite soltanto dopo qualche minuto per interrompere l'esercizio e per passare all'attività successiva.

⑦ Dialogo

Situazione: Michele, non avendo ben capito il nome di Hildegard, le chiede di ripeterglielo.
Principali intenzioni comunicative: Richiamare l'attenzione. Chiedere di ripetere. Specificare.
Principali elementi morfosintattici: La prima e la terza persona singolare del verbo *chiamarsi*.
Procedimento: Nei modi spiegati al punto 2 e al punto 4.

Evidenziate la funzione di *Senta, scusi,* formula questa essenziale per richiamare cortesemente l'attenzione di qualcuno. Analogamente a quanto già

detto per le espressioni *posso presentarti* e *posso presentarLe* (cfr. dialogo al punto 4), la presenza in questo dialogo del passato prossimo di *capire* non richiede una spiegazione grammaticale, così come del resto non richiedono una spiegazione grammaticale i due imperativi con cui il dialogo si apre. La loro funzione è evidente ed è appunto tale funzione che deve essere appresa dallo studente.
Su questo punto crediamo si debba essere chiari: l'apprendimento di una lingua basato su un criterio di pura progressione grammaticale è un fatto arbitrario e semplicistico. Arbitrario perché non esiste nessun criterio logico per cui si debbano imparare all'inizio le forme del presente indicativo e alla fine quelle dell'imperativo; semplicistico perché se il fine di un metodo è quello di mettere in grado lo studente di esprimersi e di comunicare, *Senta, scusi* (che è una formula contenente due imperativi formali e dunque in ultima analisi due congiuntivi) è certamente più utile di una frase del tipo *Mario e Lucia stanno bene*. Una grammatica che prescinda dalle attività comunicative non può essere secondo noi il principio ispiratore e il filo conduttore di un manuale per l'apprendimento di una lingua straniera.
Per ritornare al nostro dialogo diremo allora che con la frase *Non ho capito* Michele sta motivando la domanda che si prepara a formulare (*Come si chiama?*), mentre con *Senta, scusi* sta semplicemente chiedendo l'attenzione della sua interlocutrice.

Esercizio 8

Già al punto 3 gli studenti hanno avuto modo di imparare le grafie necessarie in italiano per rappresentare il suono velare e quello palatale della *c*. Sarà bene comunque, prima di passare all'esercizio, riprendere qui l'argomento facendo leggere ad alta voce i nomi e i cognomi. Poi procedete come al punto 3.

Dialogo 9

Situazione: Michele domanda a Hildegard la sua provenienza.
Principali intenzioni comunicative: Chiedere e fornire informazioni personali.
Principali elementi morfosintattici: Le prime tre persone del presente indicativo del verbo *essere*. Gli aggettivi di nazionalità. Differenza fra *dove?* e *di dove?*

Procedimento: Nei modi indicati al punto 2 e al punto 4.

Evidenziate la forma maschile e femminile dell'aggettivo e la differenza fra *dove* e *di dove*. Ricorrendo ai disegni farete poi notare come gli aggettivi di nazionalità uscenti in *-e* sono sia maschili che femminili.

10 Esercizio

Procedete come al punto 8.

11 Esercizio

Prima di far svolgere l'esercizio leggete i nomi geografici insieme agli studenti evidenziando i suoni velare e palatale della *g* e la pronuncia palatale del nesso *gl*. Procedete quindi come al punto 8.

A questo punto potreste presentare alla classe i nomi e la posizione geografica delle regioni italiane servendovi anche della cartina nel risvolto di copertina.

12 Dialogo

Situazione: Michele chiede a Hildegard come mai si trova in Italia.
Principali intenzioni comunicative: Congratularsi. Chiedere e dare informazioni personali. Esprimere un desiderio irrealizzabile.
Principali elementi morfosintattici: La congiunzione causale *perché*. L'interiezione *magari*. Uso del verbo *fare* per informarsi sul lavoro o sulla professione di qualcuno.
Procedimento: Nei modi indicati al punto 2 e al punto 4 prestando una particolare attenzione all'intonazione. Il dialogo prevede infatti un ascolto fonologico nel libro degli esercizi.

Mettete in evidenza la funzione dell'interiezione *magari!* che esprime un desiderio sentito come irrealizzabile. Affinché il suo uso sia chiaro potete porre in classe delle domande del tipo *Lei è milionario?, Lei ha una Ferrari?, Lei è il signor/la signora Rockfeller?* Gli studenti che avranno capito la funzione della parola risponderanno *Magari!*

Ascolto fonologico (Libro degli esercizi)

In ogni lingua esistono regole fonologiche, così come esistono regole grammaticali e sintattiche. Una frase di cui sia stata sbagliata l'intonazione cambia spesso significato, suonando magari come affermazione là dove invece è una domanda, o come ordine quando invece si tratta di una richiesta. Anche una accentuazione sbagliata può cambiare il senso di una frase, dal momento che l'accento al suo interno serve per evidenziare la parola che porta il significato.

Un esempio può essere il seguente:

Dialogo A

■ Cosa fai questo fine settimana? Resti in città?

● No. Domani vado al **ma**re.

Dialogo B

■ Quando hai detto che vai al mare? Stasera?

● No. Do**ma**ni vado al mare.

Le due risposte sono grammaticalmente e sintatticamente identiche, eppure il loro significato è diverso, dipendendo questo dalla presenza dell'accento di frase sulla sillaba tonica di **mare** nel primo dialogo e sulla sillaba tonica di **domani** nel secondo. La prima risposta indica un *dove*, la seconda un *quando*.
Il dialogo al punto 12 è uno di quelli scelti e riprodotti nel libro degli esercizi in modo che lo studente possa esercitarsi anche da solo nella fonologia. È assolutamente necessario però che il primo esercizio di questo tipo di attività venga svolto in classe sotto la guida dell'insegnante, e questo perché lo studente possa capire l'utilità dell'esercizio.

Procedimento: Dopo aver scritto il dialogo alla lavagna, separate con delle barre verticali i vari enunciati così come è stato fatto nel libro degli esercizi. Fate quindi ascoltare il dialogo un paio di volte dicendo agli studenti di concentrarsi per riuscire a capire dove cade l'accento di frase. Precisate che per ogni enunciato c'è un solo accento. Fate adesso ascoltare la prima battuta e chiedete alla classe dove bisogna collocare gli accenti. Segnerete questi ultimi con un tratto verticale sopra o sotto la sillaba. Proseguirete in questo modo con le altre battute. Alla fine farete ancora una volta ascoltare l'intero dialogo e, riunendo gli studenti in coppie, chiederete loro di ripetere il brano con la corretta intonazione.

13 Esercizio

In questo esercizio viene ampliato il lessico relativo alle professioni. Le illustrazioni ne facilitano la comprensione.

Procedimento: Si veda quanto detto al punto 3.

A questo punto potreste far svolgere l'attività supplementare presentata a pagina 185 dell'appendice.

14 Dialogo

Situazione: Michele propone a Hildegard di passare dal *Lei* al *tu*.
Principali intenzioni comunicative: Chiedere e accordare un permesso.
Procedimento: Nei modi indicati al punto 2 e al punto 4.

È ovvio che Michele non si aspetta una risposta negativa alla sua proposta, e ciò lo rivela il *no?* con cui si conclude la sua domanda.
La frase *Possiamo darci del tu*? va ovviamente presentata e imparata nel suo significato funzionale. Non è assolutamente il caso di dare spiegazioni grammaticali sui verbi riflessivi o sulla posizione del pronome con un infinito.
A questo punto, se non usate già il *tu* con i vostri studenti e se ritenete che il suo uso sia più adatto all'atmosfera della vostra classe, potete chiedere di abbandonare la situazione formale a vantaggio di quella confidenziale.

15 E adesso tocca a voi!

Ancora una volta fate alzare in piedi i vostri studenti. Dite loro che sono a una festa e che dovranno dunque chiacchierare con la disinvoltura che una festa richiede. Ricordate che questo esercizio riguarda solo loro. Lasciate che parlino liberamente anche se certamente commetteranno gli inevitabili errori.
Per rendere più distesa l'atmosfera potete mettere una musica di sottofondo.

Dialogo

(16)

Situazione: Hildegard domanda a Michele di dov'è e che cosa fa a Firenze.
Principali intenzioni comunicative: Chiedere e dare informazioni personali.
Principali elementi morfosintattici: Alcune persone dei verbi regolari della prima coniugazione. L'uso della preposizione *da* nel complemento di tempo continuato. L'articolo indeterminativo *una*. I numeri fino a 20.
Procedimento: Nei modi indicati al punto 2 e al punto 4.

A questo punto bisognerà ovviamente far notare che la nuova situazione confidenziale implica, oltre al logico passaggio alla seconda persona dell'indicativo e all'uso del pronome *ti* al posto di *si*, l'uso della forma di richiamo *scusa* anziché di *scusi*. Evidenziate anche l'uso della preposizione *da* per indicare un'azione che, iniziata nel passato, continua anche nel presente.

Dopo che avrete letto davanti alla classe i numeri dello specchietto a pagina 19 potete, al fine di far praticare i numeri agli studenti, far svolgere il gioco presentato a pagina 186 in appendice a questa guida.

Esercizio

(17)

Leggete ad alta voce le frasi accanto alle fotografie, assicurandovi che gli studenti le abbiano capite. Procedete poi come avete già fatto con gli altri esercizi, facendo cioè un primo esempio di fronte alla classe e lasciando quindi lavorare gli studenti in coppia per controllare poi alla fine in plenum.

Ecco ad ogni modo, affinché sia chiaro lo svolgimento di questo esercizio, il primo esempio:
▲ *Scusa, come ti chiami?*
■ *Io mi chiamo Marco.*
▲ *Ah sì, Marco. E tu sei di Milano?*
■ *No, io sono di Parma, ma abito a Milano da 10 anni.*
▲ *E cosa fai qui?*
■ *Lavoro in una banca.*

18 Dialogo

Situazione: Michele invita Hildegard a bere qualcosa.
Principali intenzioni comunicative: Offrire. Esprimere una preferenza.
Principali elementi morfosintattici: *Vuoi/vuole* e *preferisco*. L'articolo indeterminativo.
Procedimento: Nei modi indicati al punto 2 e al punto 4.

19 Esercizio

Assicuratevi innanzitutto che gli studenti abbiano capito i nomi delle bevande. Svolgete quindi il punto **a.** insieme alla classe e, se volete, anche il punto **e.**, in modo che (in quest'ultimo caso) gli studenti non dicano *Salute!* simulando un brindisi con due bevande non alcoliche.

Ecco ad ogni modo a titolo d'esempio i dialoghi relativi ai punti **b.** ed **e.**

■ *Senti, vuoi bere qualcosa? ... Una grappa ... un cognac .*
● *Preferisco un amaro.*
■ *Un amaro benissimo ... Ecco qui. Alla salute!*
● *Salute!*

■ *Senti, vuoi bere qualcosa? ... Una coca cola ... un'aranciata.*
● *Preferisco un'acqua minerale.*
■ *Un'acqua minerale benissimo ... Ecco qui.*
● *Grazie!*
■ *Prego.*

20 Esercizio

In questo esercizio si chiede allo studente di rispondere a delle domande che lo riguardano. Leggete le frasi ad alta voce ed assicuratevi che siano state capite. Se gli studenti hanno deciso di darsi del tu, provate a far trasformare loro le domande nella forma confidenziale. Formate quindi delle coppie dicendo agli studenti di intervistarsi a vicenda.

21 E adesso tocca a voi!

Per questa attività vale quanto è stato detto ai punti 6 e 15.

Lettura

22

Principali elementi morfosintattici: Gli articoli determinativi singolari. Le prime tre persone dei verbi regolari.

In queste prime due letture, pur essendo i testi piuttosto semplici, sono presenti alcune parole e forme che gli studenti ancora non conoscono, ma la cui mancata conoscenza non impedisce la comprensione dei brani. Spiegate ai vostri studenti che l'attività nella quale ora sono impegnati è un esercizio in cui la loro attenzione deve dirigersi al contenuto del testo e non alle forme. Spiegate ancora che a questo fine dovranno impiegare anche le loro capacità deduttive poiché spesso, anche quando non si conoscono una parola o una certa forma grammaticale, è possibile dedurre il loro significato in base al contesto nel quale sono inserite.

Procedimento: Dopo aver spiegato agli studenti che dovranno cogliere solo il significato generale del testo (così come hanno fatto con il dialogo introduttivo), dite loro di leggere la prima cartolina individualmente e in silenzio. Date due minuti di tempo.
Fate chiudere il libro e formate delle coppie dicendo loro di confrontare (nella loro madrelingua o nella lingua comune) quello che hanno capito. Badate a che gli studenti non aprano il libro domandandosi l'un l'altro il significato delle parole.
Fate riaprire il libro. Invitate gli studenti a leggere ancora una volta la cartolina, questa volta in un minuto. Allo scadere del tempo assegnato, formerete delle nuove coppie che confronteranno ancora quanto hanno capito.
Aprite adesso il libro e dopo aver letto ad alta voce (ed eventualmente spiegato) le domande, date due minuti di tempo per rispondere. Formate quindi delle nuove coppie che confronteranno le risposte date.
Controllate in plenum i risultati.

Passate adesso ad un'analisi del testo evidenziando le forme *come stai? come va?* e l'uso delle preposizioni. Attenzione in quest'ultimo caso all'uso della preposizione *da* (*da ottobre*). *Da* è comparso già nel dialogo al punto 16 (*abito a Firenze da 6 anni*) per indicare una azione che, iniziata al passato, continua nel presente. Qui *da* indica invece un'azione che comincerà nel futuro (*da ottobre*). Il testo consente due diverse letture della preposizione. Si potrebbe infatti leggere quel *da* come relativo a una ricerca già avviata e ancora in corso. Se così fosse però il verbo *cercare* sarebbe coniugato alla forma perifrastica (*da ottobre sto cercando una ragazza alla pari*).

Fate leggere ora la seconda cartolina procedendo nello stesso modo.
Dopo aver controllato in plenum le risposte alle domande, chiedete alla classe di rintracciare tutti gli articoli presenti nella cartolina. Nel testo compaiono tutti gli articoli determinativi singolari. Dopo che la classe ve li avrà dettati, domandate agli studenti perché secondo loro l'articolo di *spagnolo* è *lo*, mentre gli articoli di *francese* e di *italiano* sono *il* e *l'*. Non fornite subito la regola. Lasciate che gli studenti cerchino di dedurla. Per aiutarli, scrivete questa serie di sostantivi alla lavagna (operazione questa che vi permetterà anche di presentare il lessico relativo all'aula nella quale vi trovate): *tavolo, lavagna, aula, finestra, libro, studente, orologio, porta*. Chiedete quindi agli studenti di fornirvi gli articoli e correggete le forme sbagliate. Quando ogni parola avrà avuto il suo articolo, molto probabilmente la regola sarà già stata capita; non vi resterà che riassumerla.

Chiedete adesso agli studenti di rintracciare nelle due cartoline le forme verbali della prima, seconda e terza persona singolare del presente. Man mano che le forme vi saranno dettate, le scriverete alla lavagna. Alla fine avrete il seguente schema:

io	**tu**	**lei**
sto	stai	....
ho	....	ha
cerco	....	....
....	conosci	conosce
....	....	vuole
....	....	si chiama
....	....	è
....	....	studia
....	....	capisce

A questo punto, tornando magari alla prima cartolina di pagina 21 dove avete *studi**are** l'italiano* e *vuole ven**ire** a viv**ere***, spiegherete che le coniugazioni verbali in italiano sono tre: la prima che ha come desinenza dell'infinito *-are*, la seconda *-ere*, e la terza *-ire*. Chiederete quindi a quali di esse, secondo gli studenti, appartengono le voci verbali che avete scritto alla lavagna e quali sono le rispettive forme dell'infinito. Invitate poi gli studenti a completare lo schema.
L'attività vi permetterà di fare il punto sulla coniugazione del verbo nelle prime tre persone singolari.

E adesso tocca a voi! 23

Procedimento: Darete alla vostra classe non più di dieci minuti per scrivere la cartolina (ma vedrete che cinque saranno più che sufficienti). Restate al vostro posto durante questa attività. Non girate fra i banchi spiando se quello che i vostri studenti scrivono è corretto o meno, e soprattutto non intervenite. I vostri studenti stanno scrivendo per la prima volta in italiano, stanno compiendo uno sforzo che richiede una buona dose di concentrazione; una vostra intromissione non può essere quindi che dannosa. Quando i dieci minuti assegnati saranno trascorsi, formate delle coppie di studenti dicendo loro di scambiarsi le cartoline che hanno scritto. Compito di ciascuno sarà quello di leggere il lavoro dell'altro, di rintracciare eventuali errori e quindi di discuterne con il compagno che eventualmente li correggerà. Anche per questa attività assegnate un tempo massimo (cinque minuti saranno più che sufficienti). Succederà senz'altro a questo punto che qualcuno non si troverà d'accordo sulle correzioni che l'altro ha fatto. Lasciate che gli studenti discutano e intervenite soltanto se saranno loro a chiedere il vostro intervento.
Il fine di questa attività è quello di responsabilizzare la classe già dalla prima lezione riconoscendole la competenza a correggere un testo. Probabilmente molti dei vostri studenti si schermiranno quando gli affiderete un compito apparentemente così difficile. Spiegategli allora che voi in classe siete semplicemente quello che conosce meglio l'italiano, ma che le conoscenze acquisite da loro fino a quel momento gli permettono già di cimentarsi in una attività di correzione. Formando le coppie agirete comunque con la psicologia necessaria a evitare che siano composte da uno studente particolarmente dotato e da un altro debole. La frustrazione non è mai didattica, la competizione sì. Ricordatevene al momento di formare le coppie.

Test 24

Il test può essere svolto a casa o in classe. Qualora decidiate di far svolgere l'attività in classe, date un tempo limite (per il test di questa prima lezione saranno sufficienti quattro minuti), quindi fate confrontare fra loro gli studenti formando delle coppie o dei piccoli gruppi. Alla fine controllate in plenum.

Soluzione:
a. *amico – di – a – da – Lavora* **b.** *un' – di – a – in – Parla – perché* **c.** *un – cerca – il* **d.** *ragazza – Si chiama – a – studia*

LEZIONE 2

Che cosa prendi?

Situazione: È una bella giornata e Daniela e Luigi, dopo una passeggiata per il centro di Roma, vedono un bar.

Principali intenzioni comunicative: Proporre. Accettare una proposta. Richiamare l'attenzione di qualcuno. Ordinare una consumazione. Informarsi. Chiedere che qualcosa sia fatto conformemente alla richiesta. Consigliare. Offrire. Ringraziare.

Elementi morfosintattici: I numeri (centinaia e migliaia). Forma plurale dei sostantivi e degli aggettivi. Accordo dell'aggettivo con il sostantivo. Le tre persone plurali del presente indicativo dei verbi regolari e di alcuni verbi irregolari (*essere, andare, fare*). *Avere*. *C'è* e *ci sono*. Gli articoli determinativi plurali. Uso di alcune preposizioni.

Elementi di civiltà: Gli italiani e il bar.

Trascrizione del dialogo

■ *Senti, io sono stanca. Ci sediamo in quel bar?*
● *Sì. Buona idea perché sono stanco anch'io e poi ho sete. Ho veramente sete.*
■ *Senti, ci sediamo dentro o fuori?*
● *Beh, ma fuori, no? È una giornata così bella. Dai!*
■ *Sì, però al sole.*
● *Sì, sì, al sole, al sole naturalmente … Bene, adesso quando arriva il cameriere … Ecco il cameriere.*
▲ *Buongiorno. Mi dicano.*
● *Senta, io vorrei una … una birra.*
▲ *In bottiglia o alla spina?*
● *Alla spina.*
▲ *Mm … Alla spina va bene. Piccola, media o grande?*
● *Mah … media.*
▲ *Benissimo.*
● *E poi senta, e poi vorrei anche mangiare qualcosa. Che cosa avete da mangiare?*
▲ *Mah, abbiamo medaglioni, tramezzini, pizzette, toast …*

● *Senta, i tramezzini come sono?*
▲ *Che cosa c'è dentro?*
● *Sì.*
▲ *Ah, ci sono delle uova e pomodoro, oppure prosciutto cotto e fontina, mozzarella e carciofini, tonno e pomodoro, mozzarella e alici, mozzarella e funghi.*
● *Ah, ecco, ecco, ecco, benissimo. Allora un tramezzino mozzarella e funghi, però, mi raccomando, caldo. Va bene?*
▲ *Benissimo, guardi, benissimo. … E per Lei signora?*
■ *Sì, anch'io vorrei mangiare qualcosa. Vediamo un po'… Io prendo un tramezzino con tonno e pomodori.*
▲ *E da bere?*
■ *Da bere … Da bere …*
● *Prendi una birra anche tu, no?*
■ *No, una birra no.*
● *E perché? Non ti piace la birra?*
■ *Sì, mi piace, ma adesso non mi va.*
● *Va be'.*
■ *Avete spremute?*
▲ *Sì, abbiamo spremute di arancia, di pompelmo …*
■ *Sì, allora una spremuta di arancia, ma senza zucchero, mi raccomando, e con un po' di ghiaccio.*
▲ *Va bene. D'accordo. Allora vediamo un po': due tramezzini, una birra media alla spina …*
● *Alla spina … una media.*
▲ *E una spremuta d'arancia, mi pare.*
● *Sì, esatto.*
■ *Ah, senta, potrebbe portare anche un portacenere?*
▲ *Certo signora. Subito. Sì.*

▲ *Allora: ecco i tramezzini, la birra, e l'aranciata a Lei mi pare, sì.*
■ *Sì.*
● *Bene, paghiamo subito allora. E … offro io, eh?*
■ *Oh, grazie.*
▲ *Allora sono esattamente 19.250 lire.*
● *Bene. Ecco a Lei.*
▲ *Grazie. Ha le 250 spicciole?*
● *Eh … tenga pure il resto.*
▲ *Grazie.*
● *Bene.*
■ *Un po'caro però!*

● *Mah, un po' caro, sì, ma in fondo, sai, siamo in centro. Comunque, buon appetito.*
■ *Altrettanto eh? Grazie.*

Listino prezzi

Prima di far ascoltare il dialogo, leggete in classe il listino del bar spiegando i vocaboli. Informate la classe dell'obbligo dell'esercente di esporre il listino e della differenza di prezzo – presente in molti bar in Italia – fra le consumazioni al banco e quelle al tavolo.
La grafia *thè* (ma non *the'* o *the*), meno frequente di *tè*, è ugualmente corretta. La sigla D.O.C. sta per *denominazione di origine controllata*. «Un vino per essere DOC deve essere vinificato in modo conforme al disciplinare di produzione» (Antonio Piccinardi, *Dizionario dei vini italiani*, Milano 1991). Il *vinsanto* (la grafia corretta prevede una sola parola) è un vino aromatico ad alta gradazione alcolica. Il *Tropycal* (scritto in questo listino con la *y* per dare forse alla bevanda un carattere più esotico) è una bibita preparata con latte e sciroppi di frutta.

1 Questionario

Per lo svolgimento dell'attività di ascolto procedete come indicato al punto 1 della prima lezione.

Soluzione:
a. *Luigi prende una birra media e mangia un tramezzino.*
b. *Daniela mangia un tramezzino e prende una spremuta d'arancia.*
c. *Pagano 19.250 lire.*
d. *Il bar è caro.*

2 Dialogo

Situazione: Luigi e Daniela decidono di sedersi in un bar.
Principali intenzioni comunicative: Richiamare l'attenzione. Proporre. Esprimere accordo. Chiedere un parere. Dare una risposta ritenendola ovvia. Esortare.
Principali elementi morfosintattici: Verbi *essere* e *avere*. Alcuni avverbi (*dentro, fuori, veramente, così*).

Procedimento: Prima di far ascoltare il brano, potreste, procedendo nel modo descritto qui sotto, introdurre alcuni vocaboli presenti nel dialogo. Riproducete su un lucido ingrandendolo il disegno di pagina 26. Ricorrendo alla mimica, spiegate che Daniela è *stanca* e che, a causa del caldo, ha anche *sete*.
Indicate adesso i tavoli. Spiegate che non ce ne sono solo *fuori*, ma anche *dentro*. Fate quindi ascoltare il dialogo proseguendo come spiegato ai punti 2 e 4 delle prima lezione.

Nel dialogo compare il verbo *sedersi*. Sarebbe prematuro a questo punto spiegare le forme del verbo riflessivo; del resto la classe non avrà nessuna difficoltà a capire il significato di *ci sediamo*.
Beh è un'interiezione usata in questo caso per introdurre una risposta che a chi la fornisce appare ovvia. Il *dai* con il quale si chiude il dialogo è infine una forma esortativa limitata alle situazioni confindenziali.

Esercizio 3

Prima di far eseguire l'esercizio in coppie, guardate con gli studenti l'esempio riportato nel libro (se volete, potete riscriverlo alla lavagna). Evidenziate le parole che saranno poi sostituite. Fate notare agli studenti che l'infinito di *sono* è *essere* e che quello di *ho* è *avere*.
Svolgete adesso insieme alla classe il dialogo al punto **a.** Formate poi delle coppie e fate svolgere loro i dialoghi ai punti **b.**, **c.** e **d.**

Diamo a titolo di esempio soltanto il dialogo relativo al punto **a**.

■ *Senti, io ho sete. Andiamo in quel bar?*
● *Buona idea perché ho sete anch'io, e poi ho fame. Ho veramente fame.*

Esercizio 4

Procedete come nell'esercizio precedente. Evidenziate le parole che saranno poi sostituite. Svolgete il dialogo al punto **a.** insieme alla classe. Formate poi delle coppie e fate svolgere loro i dialoghi ai punti **b.**, **c.** e **d.**

Soluzione:
a. ■ *Ci sediamo all'ombra o al sole?*
● *Ma all'ombra, no? Al sole fa caldo, dai!*

b. ■ *Andiamo al Piccolo Bar o al Caffè Biffi?*
● *Ma al Piccolo Bar, no? Il Caffè Biffi è caro, dai!*

c. ■ *Ci sediamo dentro o fuori?*
● *Ma dentro, no? Fuori fa freddo, dai!*

d. ■ *Mangiamo un tramezzino o andiamo in un self-service?*
● *Ma andiamo in un self-service, no? Io ho fame, dai!*

5 Dialogo

Situazione: Luigi ordina da bere.
Principali intenzioni comunicative: Invitare l'altro ad esprimersi. Fare una richiesta. Esitare prima di fornire una risposta.
Principali elementi morfosintattici: Uso di *Mi dica* e *Senta*. Accordo dell'aggettivo con il sostantivo.
Procedimento: Come spiegato ai punti 2 e 4 della prima lezione.

Nei primi due dialoghi di questa unità (come del resto già nella prima lezione), appaiono le due forme – necessarie per richiamare l'attenzione di qualcuno – *senta* e *senti*. Pur senza dover necessariamente spiegare la differenza fra imperativo formale e imperativo confidenziale, è importante richiamare qui l'attenzione dello studente sui due esiti diversi del verbo *sentire*.

Il dialogo può essere presentato alla classe secondo la tecnica sviluppata alla Di.L.It. di Roma e definita *Ricostruzione di conversazione*. Abbiamo dedicato a tale tecnica un capitolo in appendice (si veda pagina 172). Rinviamo ad esso per le spiegazioni relative a questo e agli altri dialoghi del libro per la presentazione dei quali suggeriamo l'applicazione della suddetta tecnica.

6 Esercizio

Prima di far svolgere l'esercizio assicuratevi che gli studenti abbiano capito il significato delle parole che accompagnano i disegni. Per aiutare gli studenti, potete, prima di iniziare l'esercizio, invitarli a mettere l'articolo indeterminativo davanti ai sostantivi.
Fate eseguire l'esercizio prima a coppie e poi in plenum.

Dialogo

7

Situazione: Luigi ordina da mangiare.
Principali intenzioni comunicative: Chiedere e fornire informazioni. Chiedere e fornire chiarimenti. Ordinare.
Principali elementi morfosintattici: Il plurale dei sostantivi. Gli articoli determinativi plurali *i* e *le*. Uso della preposizione *da* davanti all'infinito. L'avverbio *ecco*.
Procedimento: Prima di far ascoltare il dialogo, chiedete agli studenti che cosa è possibile mangiare in un bar in Italia, scrivendo eventualmente le risposte alla lavagna. Procedete poi secondo quanto scritto ai punti 2 e 4 della prima lezione. Spiegate successivamente le parole nuove.

Compaiono di nuovo in questo dialogo sia *mah* che *beh*. Le due interiezioni, oltre a consentire a chi parla una breve pausa, hanno funzioni diverse; la prima infatti introduce una risposta generale (a una domanda del resto non pienamente specifica), la seconda invece ha la funzione di precisare, rispondendo a una richiesta che attende una risposta più dettagliata.

Esercizio

8

Diamo a titolo di esempio uno dei dialoghi possibili.
● *Che cosa avete da mangiare?*
▲ *Mah, abbiamo panini, pizzette, tramezzini, sandwich, toast.*
● *Senta, le pizzette come sono?*
▲ *Beh, con mozzarella e pomodoro, funghi e prosciutto, zucchine e melanzane.*
● *Ah, ecco, benissimo. Allora, per favore, una pizzetta con zucchine e melanzane.*

Attività supplementare: Formate delle coppie di studenti. Uno impersonerà il cliente, l'altro il cameriere. Il cliente dovrà chiamare il cameriere e ordinare da bere e da mangiare.

Dialogo

9

Situazione: Il cameriere si rivolge a Daniela.
Principali intenzioni comunicative: Esprimere un desiderio. Esitare. Suggerire. Rifiutare.

Principali elementi morfosintattici: Uso di *vorrei*. Verbo *piacere*. Uso di *andare* nel significato di *avere voglia*.
Procedimento: Come spiegato ai punti 2 e 4 della prima lezione.

La presenza di *piacere* e di *andare* con i relativi pronomi *mi* e *ti* non giustifica ancora a questo punto l'intera declinazione dei pronomi indiretti. Se lo ritenete necessario, potete introdurre la terza persona formale (*Le piace*). Attenzione comunque a non «caricare» troppo la classe.

Una decisione che si annuncia non immediata è presentata dall'espressione V*ediamo un po'...* . Chi la formula sta quindi chiedendo tempo. *Prendi una birra anche tu, no?* è invece un suggerimento, dove al *no* finale e all'intonazione è affidata la funzione di trasformare in consiglio quello che altrimenti sarebbe (a causa dell'imperativo *prendi*) un ordine, una disposizione.

10 Esercizio

Il fine di quest'esercizio è quello di fissare la conoscenza degli articoli indeterminativi e determinativi singolari. Se la vostra classe fosse debole, chiederete agli studenti, prima che l'esercizio venga svolto, di premettere questi articoli ai nomi delle bevande.

11 Dialogo

Situazione: Daniela ordina la consumazione.
Principali intenzioni comunicative: Ordinare. Chiedere che qualcosa sia fatto conformemente alla richiesta. Ricapitolare. Confermare.
Principali elementi morfosintattici: Il condizionale come forma di cortesia.
Procedimento: Come spiegato ai punti 2 e 4 della prima lezione.

L'espressione *mi raccomando* accompagna una richiesta o una disposizione che non devono essere assolutamente dimenticate o trascurate. *Vediamo un po' ...* ha qui invece il significato di *ricapitolando*. Il cameriere in ogni modo (e conformemente con quanto detto al punto 9) sta chiedendo tempo e attenzione.

Il condizionale, già apparso con *vorrei*, si presenta qui alla terza persona (*potrebbe portare un portacenere?*). Si tratta ancora di una forma di cortesia che può essere appresa dallo studente come semplice elemento lessicale, senza cioè ulteriori spiegazioni grammaticali.

Esercizio 12

Quest'esercizio mira ad automatizzare l'espressione assai frequente *mi raccomando*.

Esercizio 13

Gli studenti devono scrivere le ordinazioni raffigurate. Quest'esercizio oltre a rinforzare le forme del singolare e del plurale, mira ad esercitare l'ortografia.

Soluzione:
due birre e due tramezzini – due aperitivi e un gelato – due cappuccini e due cornetti – due caffè e una birra

Esercizio 14

Anche quest'esercizio mira ad automatizzare le espressioni *potrebbe ...?* e *certo*. Non dovrebbe presentare difficoltà, in quanto le parole nuove sono facilmente deducibili attraverso le illustrazioni. Per evitare errori di pronuncia, l'insegnante dovrebbe, prima di far eseguire l'esercizio, leggere ad alta voce le parole scritte sotto le illustrazioni.

Lettura 15

Principali elementi morfosintattici: Forma plurale del presente indicativo. Alcune preposizioni (*di, a, in, per*). Le forme *c'è* e *ci sono*. L'aggettivo indefinito *tutto*.
Procedimento: Come spiegato al punto 22 della prima lezione.
Per la prima lettura darete un tempo di due minuti.

Una volta che gli studenti avranno letto e confrontato quanto hanno capito del testo, potete sottoporre loro le seguenti domande di comprensione:
Dove abita Annette a Siena?
Che cosa fa a Siena?
Perché va a Roma?
Perché Frank resta ancora a Siena?

Comparendo in questa lettura alcune forme plurali del verbo (oltre ad alcune altre singolari), un esercizio che potreste svolgere in classe è il seguente: scrivete alla lavagna i cinque pronomi personali nell'ordine della coniugazione verbale (*io, tu, lui/lei, noi, voi*) e chiedete alla classe di rintracciare nel testo le forme verbali corrispondenti. Una volta scritte tutte le forme presenti nella lettura, chiedete ai vostri studenti di provare a fornirvi l'infinito di ogni forma. La presenza nel testo di forme irregolari vi permetterà di fare il punto sulla coniugazione verbale.

Con la frase *gli amici di Padova* sono comparsi nel libro tutti gli articoli determinativi. Ricorrendo al lessico dell'aula (come è stato già suggerito al punto 22 della prima lezione, ma scrivendo stavolta i sostantivi alla forma plurale) portate ancora una volta i vostri studenti a dedurre la regola.

Il Palio di Siena che si svolge due volte l'anno (il 2 luglio e il 16 Agosto) è una corsa di cavalli che ha luogo nella bellissima Piazza del Campo. Alla gara partecipano ogni volta dieci delle 17 contrade che costituiscono la città. Le sette che non partecipano al primo palio prendono parte al secondo; le restanti tre vengono estratte a sorte. La gara consiste nel compiere tre volte il giro della piazza. Vince il cavallo (non è necessario che giunga alla fine della corsa con il fantino in sella) che per primo taglia il traguardo. Il premio consegnato alla contrada vincente è un drappo dipinto detto appunto palio.

16 Esercizio

Prima di far eseguire l'esercizio spiegherete la differenza fra *c'è* e *ci sono* e i vocaboli non conosciuti.

Soluzione:
C'è: *il concerto in piazza, la maratona, la processione, il mercato.*
Ci sono: *gli esami, i fuochi d'artificio, le elezioni.*

17 E adesso tocca a voi!

Procedete come al punto 23 della prima lezione. Come preparazione a quest'attività potete far eseguire l'esercizio 12 a pagina 20 del libro degli esercizi.

Dettato

(18)

Indicate agli studenti lo scontrino riprodotto accanto al dettato. Informateli dell'abitudine (diffusa soprattutto nei grandi centri) di fare lo scontrino prima di consumare qualcosa al banco, e di quella di riceverlo insieme a quanto ordinato qualora invece la consumazione avvenga al tavolo.

Con il dettato l'attenzione dello studente deve spostarsi dal contenuto dell'ascolto alle forme che lo costituiscono. Si tratterà quindi di concentrarsi sulle parole che non sono state riportate e di trascriverle negli spazi lasciati vuoti. Le parole sostituite da una linea sono state già incontrate dallo studente; si tratta ora semplicemente di riconoscerle, ma di riconoscerle nel *continuum* del dialogo.
Un dettato fatto pronunciando unicamente delle parole separate da ogni contesto sarebbe infatti assurdo, così come assurdo sarebbe un dettato in cui le parole, pure appartenenti a un testo, venissero sillabate o comunque pronunciate in modo diverso da come lo sono normalmente. Il dettato va dunque eseguito con il registratore, facendo ascoltare diverse volte e per intero il brano.
Si tratta, si diceva, di riconoscere parole già incontrate. A volte però l'orecchio non basta. Ecco allora che lo studente dovrà ricorrere alle sue capacità analitiche e deduttive, oltre che alle sue conoscenze grammaticali. Dovrà presumere, per esempio, che prima di un sostantivo ci sarà con tutta probabilità un articolo il cui genere e numero dipenderà dal genere e numero del sostantivo. Così ancora, se gli parrà di riconoscere la presenza di un verbo, questo andrà coniugato al tempo e alla persona che il contesto richiede.
Con il dettato dunque si tratta sì di svolgere un esercizio di comprensione auditiva e di scrittura, ma al tempo stesso anche un esercizio grammaticale.

Procedimento: Chiedete alla classe di chiudere il libro e fate ascoltare il brano una volta senza interruzioni.

Fate adesso aprire il libro e fate ascoltare più volte il brano, chiedendo ai vostri studenti di scrivere negli spazi vuoti le parole non presenti nel testo. Spiegategli che il loro compito sarà quello di scrivere e al tempo stesso di seguire il dialogo per capire dove collocare le parole che via via riusciranno ad afferrare.

Alla fine della prima serie di ascolti (almeno 5) formate delle coppie di studenti e chiedete loro di confrontare quello che hanno scritto. Dite loro di riflettere, di non fidarsi unicamente del loro orecchio. Le parole inserite devono essere coerenti al testo (per es. l'aggettivo deve concordare in genere e numero con il sostantivo a cui si riferisce, il verbo con il soggetto etc.); se non lo sono, c'è stato certamente un errore di comprensione. Fate adesso ascoltare ancora il brano e formate delle nuove coppie di studenti.

Proseguite ancora in questo modo finché non vi sembrerà che gli studenti abbiano completato il brano o che comunque non siano più in grado di procedere.

A questo punto verificate; ma prima di fornire voi le parole che gli studenti non fossero riusciti a capire, cercate di portare la classe alla scoperta delle parole usando la tecnica illustrata al punto 5 di questa lezione. Se per esempio nella prima frase nessuno studente avesse capito la parola *subito*, domandate: *«Allora Daniela e Luigi pagano. Quando pagano?»*. Cercate insomma ancora una volta di portare lo studente a capire prima di fornirgli voi la risposta.

Soluzione:

● *Bene, paghiamo subito allora. Offro io, eh?*
■ *Oh, grazie.*
● *Quant'è?*
▲ *Allora, sono esattamente 19.250 lire.*
● *Bene. Ecco a Lei.*
▲ *Grazie. Ha le 250 spicciole?*
● *Tenga pure il resto.*
▲ *Grazie.*
● *Prego.*
■ *Caro però.*
● *Mah, un po' caro, ma in fondo, sai, siamo in centro. Comunque, buon appetito.*
■ *Altrettanto. Grazie.*

L'uso di *pure* dopo l'imperativo verrà ripreso nella quinta lezione e sarà ampiamente spiegato nella tredicesima. Qui può essere presentato allo studente come semplice forma di cortesia usata per dare un permesso (si veda anche il punto 20).
La forma *in fondo* (analoga a *dopo tutto*) è usata per presentare una considerazione fatta dopo un breve ragionamento in cui sono stati vagliati vari elementi.

Allo scopo di far riflettere lo studente sull'uso di *per favore* (*per piacere/per cortesia*), di *prego* e di *mi raccomando*, a pag. 203 di questa guida abbiamo aggiunto un esercizio riassuntivo in cui lo studente deve inserire le forme italiane corrispondenti.

Esercizio (19)

Volendo rendere l'esercizio un po' più vivace, lo si può trasformare in gioco disegnando su alcuni cartoncini delle bevande o delle consumazioni o incollandovi sopra delle fotografie ritagliate dalle immagini pubblicitarie di giornali e di riviste. Si distribuiscono poi i cartoncini alla classe. A turno ogni studente scopre un cartoncino e chiede ad un compagno di corso *Quant'è?* L'interpellato deve rispondere guardando i prezzi del listino a pagina 24. Gli altri studenti devono controllare ed eventualmente intervenire per correggere.

Esercizio (20)

Esistono in ogni lingua espressioni, diversamente classificate nelle grammatiche, la cui conoscenza è essenziale alla comunicazione, ma che sono normalmente trascurate in molti dei libri di testo. Il fatto che la maggior parte di tali espressioni richieda spesso una particolare intonazione non rappresentabile dalla comune punteggiatura, fa sì che esse restino fuori dalla lingua scritta.
Nel libro compaiono da questa lezione in poi esercizi dove si richiede allo studente di scrivere accanto all'espressioni riportate quelle corrispondenti nella sua lingua e quindi di inserire le stesse espressioni in frasi scritte allo scopo.

Date agli studenti un paio di minuti di tempo per rintracciare queste espressioni nei dialoghi. Fate svolgere l'esercizio individualmente e poi fate confrontare in coppie o in minigruppi. Controllate poi in plenum.

Soluzione: *Senta! – Vorrei ...– Potrebbe ...? – Tenga pure! – Mi raccomando! – Dica!*

Esercizio (21)

Scopo dell'esercizio è quello di inserire le espressioni in contesti comunicativi simili a quelli presentati nella lezione. L'esercizio verrà svolto prima individualmente, poi si farà un confronto in coppie o in minigruppi ed infine in plenum.

Soluzione: **a.** *dica! – Senta, vorrei – mi raccomando* **b.** *Potrebbe* **c.** *Tenga pure*

22 Esercizio

Questo tipo di esercizio è stato preparato allo scopo di fissare le espressioni fin qui incontrate nel corso della lezione. Lo studente completerà il testo in base a quanto imparato finora. A esercizio ultimato gli studenti confronteranno i loro risultati. Seguirà un confronto in plenum.

23 E adesso tocca a voi!

Per formare le coppie necessarie all'esercizio vedi quanto detto nell'introduzione a pagina 10. Se il numero degli studenti fosse dispari, l'ultimo gruppo sarà formato da tre persone: due clienti e il cameriere.

24 Lettura

Principali elementi morfosintattici: La terza persona plurale del presente indicativo. Alcune preposizioni (*di, a, in, con*). Alcuni avverbi di tempo (*di solito, sempre, spesso*).
Procedimento: Secondo la tecnica descritta al punto 22 della prima lezione. Per la prima lettura darete un tempo di tre minuti.

È questa la prima lettura del libro dove compaiono elementi di civiltà. La scarsità dei mezzi comunicativi in possesso dello studente non permette ancora di poter discutere ampiamente delle differenze fra le consuetudini italiane e quelle del paese dello studente. Tuttavia si può già provare a chiedere quale tipo di caffè gli studenti preferiscono e se trovano giuste le abitudini alimentari degli italiani.
Se volete fornire un piccolo aiuto agli studenti, prima di far leggere il testo, potete chiedere cosa fanno le persone raffigurate nelle illustrazioni. Questo vi permetterà di riprendere alcune parole già comparse precedentemente (*scontrino, al banco, al tavolo*) o di introdurne altre nuove (p. es. *cassa, in piedi*).

Soluzione: A1, B2, C5, D3, E6, F4.

Passate adesso ad un'analisi del testo invitando la classe a cercare le forme verbali alla terza persona plurale. Dopo che le avrete scritte alla lavagna, chiedete agli studenti di fornirvi l'infinito dei verbi che avete scritto. In base a tali forme chiedete adesso agli studenti di dedurre la regola delle desinenze della terza persona plurale. Dite loro di indicarvi anche quali verbi sono irregolari.

Fate adesso intervistare reciprocamente gli studenti. Invitateli a chiedere ad un compagno se fa colazione a casa, che cosa preferisce prendere, se torna a casa per il pranzo, se ha l'abitudine di prendere un caffè prima del pranzo, se in Italia fa colazione in albergo o al bar etc. Se lo ritenete opportuno, scrivete le domande alla lavagna. Alla fine dell'intervista ogni studente potrà raccontare in plenum qualcosa delle abitudini del suo compagno.

Test

25

I.
fa – in – ha – una – alla – un – con – un – spremuta – di

II.
fanno – un – un – in – c'è – banco – tavolo – banco – scontrino

III.
a. *piccolo* **b.** *economico* **c.** *caldo* **d.** *dolce* **e.** *analcolico*

LEZIONE 3

Ho una camera prenotata

Situazione: Un signore va in albergo e parla con la receptionist.

Principali intenzioni comunicative: Presentarsi. Chiedere conferma. Rassicurare. Chiedere e fornire informazioni.

Elementi morfosintattici: I numeri da 20 a 100. Gli ordinali. Il plurale dei nomi in *-co* e *-go*. Il verbo *dare*. Preposizioni semplici ed articolate (*su, da, a* + l'articolo determinativo). L'alfabeto. L'ora e la data.

Trascrizione del dialogo

■ *Buongiorno.*
● *Buongiorno. Senta, ho una camera prenotata. Mi chiamo Guerrini.*
■ *Guerrini?*
● *Sì.*
■ *Attenda un momento. Sì, una stanza singola per quattro giorni.*
● *Esattamente. Per quattro giorni.*
■ *Allora Le do la chiave. Ecco la chiave. La stanza è la numero 45.*
● *Benissimo. Oh, senta, la stanza è silenziosa, vero?*
■ *Sì ... sì, sì, dà sul cortile interno.*
● *Ah, ecco, bene!*
■ *Ha un documento, per favore?*
● *Sì, ho la patente, va bene?*
■ *Sì, perfetto.*
● *Bene. Senta una cosa. Per il pranzo faccio ancora in tempo? Adesso che ore sono, scusi?*
■ *Sono le 11.25, quindi non c'è problema perché il pranzo è da mezzogiorno alle due.*
● *Ho capito, va bene. Senta, quindi non devo prenotare?*
■ *No, no, no, assolutamente.*
● *Bene. E ... sì, ancora una domanda. La cena a che ora è?*
■ *La cena ... dunque ... dalle 19.30 alle 21.30.*
● *Benissimo. E la colazione?*
■ *Dalle sette fino alle nove, di mattina ovviamente.*
● *Senta, eventualmente è possibile fare colazione in camera?*

- ■ *Certo, Lei telefona, ce lo dice e noi mandiamo su la colazione.*
- ● *Benissimo, bene.*
- ■ *Sì, senta, oltre alla valigia ha altri bagagli?*
- ● *No, no, ho soltanto questa valigia. Sì però, una cosa: io ho la macchina parcheggiata qui davanti ...*
- ■ *Sì.*
- ● *... non so se dà fastidio ...*
- ■ *No, no, non c'è problema, comunque, se vuole, c'è anche il garage dell'albergo.*
- ● *Beh, no, adesso, sa, sono un po' stanco, vorrei andare in camera, comunque la macchina lì non disturba.*
- ■ *No, no, non si preoccupi! Assolutamente!*
- ● *Ho capito. Bene. Allora ... l'ascensore dov'è?*
- ■ *Guardi, è lì, prego.*
- ● *Benissimo, allora a più tardi.*
- ■ *Arrivederci.*

Questionario (1)

Prima di passare all'ascolto dell'unità vi soffermerete sul vocabolario relativo ai servizi offerti dall'hotel. Gli studenti non avranno difficoltà a capire i vocaboli visto che sono accompagnati dai relativi simboli. Potete quindi chiedere eventualmente ai vostri studenti (cosa questa che vi tornerà utile in seguito) quali altri servizi può fornire un albergo ai suoi clienti. Per l'ascolto del dialogo procedete quindi come indicato al punto 1 della prima lezione.

Soluzione:
a. *La camera del signor Guerrini è una singola.*
b. *Lui desidera una camera silenziosa.*
c. *La stanza del signor Guerrini è la numero 45.*
d. *Il documento che ha il signor Guerrini è la patente.*
e. *Il signor Guerrini ha una valigia.*

Dialogo (2)

Situazione: Il signor Guerrini entra in albergo.
Principali intenzioni comunicative: Presentarsi. Chiedere conferma. Confermare. Rassicurare.
Principali elementi morfosintattici: I numeri fino a 100. Il verbo *dare*. Alcune preposizioni articolate (*su*, *a* + l'articolo determinativo).

Procedimento: Partendo dall'illustrazione (fotocopiata su lucido e proiettata in classe) chiedete agli studenti cosa secondo loro possono dire il cliente e la receptionist. Fate poi ascoltare il dialogo procedendo secondo quanto detto ai punti 2 e 4 della prima lezione, oppure nel modo indicato in appendice a pagina 174. Quest'ultima tecnica richiede, come già detto, più tempo delle altre descritte nell'introduzione, ma, somigliando molto a un gioco, agirà sulla fantasia, la prontezza di riflessi, nonché sulla competizione fra gli studenti (chi capisce per primo quello che l'insegnante vuole?) permettendo alla classe di imparare divertendosi.

Le parole *stanza* e *camera* quando si riferiscono ai locali di un albergo possono essere usate indifferentemente, come appare del resto nel dialogo dove è lo stesso signor Guerrini ad impiegarle entrambe nel medesimo significato.

Le interiezioni *Oh* e *Ah* mostrano in questo dialogo i loro rispettivi significati. La prima richiama l'attenzione di chi ascolta su un enunciato che promette di essere importante. (È importante per il signor Guerrini che la stanza sia silenziosa, e del fatto attende conferma dalla receptionist). La seconda è usata invece per accogliere un'informazione.

3 Esercizio

Attraverso la scrittura si mira a far memorizzare allo studente i numeri che ha appena visto nello specchietto.
I numeri possono essere inoltre esercitati attraverso i giochi riportati in appendice alle pagine 186 e 187.

4 Esercizio

Prima di eseguire l'esercizio, assicuratevi che gli studenti abbiano capito i vocaboli. Spiegherete poi brevemente la formazione delle preposizioni articolate che vengono presentate nello schema grammaticale.

5 Dialogo

Situazione: Il signor Guerrini richiede alcune informazioni.
Principali intenzioni comunicative: Chiedere e fornire informazioni.

Principali elementi morfosintattici: L'ora. Le congiunzioni *perché* e *quindi*.
Procedimento: Prima di far ascoltare il dialogo dite agli studenti di guardare l'illustrazione e quindi chiedete loro dove sono le persone raffigurate e cosa fanno. Procedete quindi come spiegato ai punti 2 e 4 della prima lezione.

Per fissare la differenza fra *quindi* che ha valore conclusivo e *perché* che ha valore causale potete far svolgere l'esercizio a pagina 28 del libro degli esercizi.

Che ore sono? 6

Ecco un esercizio supplementare per esercitare il modo di dire l'ora in italiano.

Distribuite agli studenti le fotocopie dei quadranti disegnati a pagina 204. Formate poi delle coppie. Lo studente A dovrà, disegnando le lancette, formare un'ora sui quadranti riprodotti nella parte superiore del foglio, lo studente B dovrà invece completare i quadranti nella parte inferiore. Lo studente A domanderà poi allo studente B «*Che ore sono?*». Alla risposta disegnerà le lancette sul primo quadrante rimasto libero nella parte inferiore del foglio. Poi sarà la volta dello studente B. Dopo aver completato tutti i quadranti, gli studenti confronteranno i loro fogli.

Dialogo 7

Situazione: Il signor Guerrini chiede alcune informazioni.
Principali intenzioni comunicative: Chiedere e fornire informazioni.
Principali elementi morfosintattici: Preposizioni (*all', alle, dall', dalle*).
Procedimento: Come spiegato ai punti 2 e 4 della prima lezione.

Anche qui, come già al punto 5, compaiono (oltre a *certo*) due avverbi in *-mente (ovviamente* ed *eventualmente)*. Non è ancora il momento di svolgere una lezione sullla formazione degli avverbi, l'insegnante potrà tuttavia far notare che molti di essi sono caratterizzati da tale desinenza.

8 Esercizio

Farete eseguire l'esercizio in coppia, avvertendo gli studenti che, se vogliono, possono continuare inventando altri orari.

9 Esercizio

Dopo aver spiegato la funzione delle espressioni presentate nello specchietto (chiedere gentilmente qualcosa) e le loro possibili risposte, osservate con gli studenti le illustrazioni e assicuratevi che abbiano capito il significato delle frasi relative ad esse. Fate poi eseguire l'esercizio in coppie e quindi, se volete, in plenum.

10 Dettato

Procedimento: come spiegato al punto 18 della seconda lezione.

Soluzione:
- ● *Senta, io ho la macchina parcheggiata qui davanti ...*
- ■ *Sì.*
- ● *... Non so se dà fastidio ...*
- ■ *No, no, non c'è problema, comunque, se vuole c'è anche il garage dell'albergo.*
- ● *Beh, no, adesso, sa, sono un po' stanco, vorrei andare in camera, comunque la macchina lì non disturba.*
- ■ *No, no, non si preoccupi! Assolutamente!*
- ● *Ho capito. Bene. Scusi, l'ascensore dov'è?*
- ■ *Guardi è lì, prego.*
- ● *Benissimo, allora a più tardi.*
- ■ *Arrivederci.*

11 Esercizio

Prima di far eseguire l'esercizio in coppie, osservate con gli studenti il disegno e spiegate le parole nuove.

Esercizio 12

È ovvio che l'attività risulterà più agevole qualora l'insegnante abbia chiarito ogni volta (nei dialoghi in cui si presentano) le parole necessarie allo svolgimento dell'esercizio.

Soluzione: *ecco – vero? – non si preoccupi! – esattamente*

Esercizio 13

Soluzione: **a.** *Esattamente* **b.** *vero?* **c.** *non si preoccupi!* **d.** *ecco*

Esercizio 14

Per quanto riguarda lo svolgimento di questo esercizio si veda quanto è stato detto al punto 22 della seconda lezione.

Lettura 15

Questi brevi testi sono stati tratti da *Bella Italia,* una pubblicazione Mondadori che presenta ogni mese ai suoi lettori località di interesse artistico e turistico. *Bella Italia* contiene anche rubriche in cui vengono consigliati alberghi e ristoranti.
I quattro brevi testi (più o meno un elenco dei servizi offerti dagli alberghi citati) sono di facile comprensione, essendo molte delle parole presenti già note allo studente e le restanti facilmente deducibili.

Procedimento: Il contenuto di questa lettura è descrittivo e non narrativo; il procedimento sarà perciò diverso rispetto a quello praticato finora. Assegnerete quattro minuti perché ogni studente possa leggere in silenzio i quattro brani. Quindi leggerete e spiegherete le affermazioni del *vero o falso?* e darete ancora quattro minuti per una seconda lettura e per lo svolgimento dell'esercizio. Alla fine procederete alla spiegazione dei vocaboli non ancora conosciuti.

Soluzione: **a.** *f* **b.** *v* **c.** *f* **d.** *v*

(16) E adesso tocca a voi!

Dividete la vostra classe in coppie di studenti assegnando a ciascuno un ruolo. Se il numero degli studenti fosse dispari, avrete nell'ultimo gruppo due clienti (marito e moglie per esempio) e il receptionist. Ricordate che il fine dell'attività è quello di far parlare liberamente gli studenti.

(17) Esercizio

Potete far eseguire quest'esercizio direttamente come dettato, oppure, prima ancora di far ascoltare il dialogo, potreste invitare gli studenti a completare i fumetti affidandosi alle loro capacità deduttive. In questo caso però vi consigliamo di distribuire delle fotocopie della pagina perché gli studenti potrebbero arrivare anche a una variante ugualmente valida del dialogo. In quest'ultimo caso, dal momento che poi seguirà l'ascolto del dialogo, si potranno confrontare le due versioni.

Soluzione: *prenotare una camera singola … È possibile – è possibile – la camera – la prima colazione – Ho capito. Va bene – per favore – Come scusi*

(18) Esercizio

Per animare un poco l'esercizio, o qualora la vostra classe non avesse molta fantasia, potete una volta che avrete formato delle coppie di studenti, proiettare il lucido dello schema.

1. matrimoniale con bagno
2. doppia senza bagno
3. singola con doccia
4. doppia con bagno
5. singola senza bagno
6. matrimoniale con doccia

1. 13 – 18 ottobre
2. 6 – 8 maggio
3. 21 – 27 febbraio
4. 9 – 12 luglio
5. 16 – 21 marzo
6. 7 – 10 aprile

1. 95.000
2. 100.000
3. 80.000
4. 85.000
5. 120.000
6. 90.000

1. Dickinson
2. Rebillaud
3. de Oliveira
4. Koutsodonti
5. Turhal
6. Green

Gli studenti potranno scegliere a piacere il tipo di camera, il periodo, il prezzo e il nome del cliente.

E adesso tocca a voi! 19

Per rendere più viva questa attività (che rischia altrimenti di essere la ripetizione dell'esercizio 18 appena svolto), potreste assegnare voi i ruoli agli studenti copiando su un foglietto quanto scritto qui sotto.

Ruolo A. Il cliente.

È carnevale. Lei vuole assolutamente passare quattro notti a Venezia con sua moglie/suo marito. Vuole una camera matrimoniale con bagno dal 14 al 17 febbraio. Ma sa anche che non è facile in questo periodo trovare una stanza a Venezia.

Ruolo B. Il receptionist.

Lei lavora in un albergo a Venezia. Tutto l'albergo è pieno per il Carnevale. Ha soltanto una camera doppia senza bagno dal 15 al 18 febbraio.

Dividete la classe in coppie e assegnate i ruoli distribuendo i foglietti. Assicuratevi che ogni studente abbia capito quanto è scritto nel suo foglietto, quindi fate sedere ogni «cliente» e ogni «receptionist» schiena contro schiena, in modo che la simulazione della telefonata riesca nel modo migliore.

Un'altra possibilità è quella di rimandare l'attività 19 e di riprenderla dopo aver letto le prenotazioni al punto 20. In ogni caso assegnerete ad ogni coppia di studenti i ruoli delle persone che hanno scritto le prenotazioni e dei receptionist dei rispettivi alberghi.

Lettura 20

Procedimento: Stabilirete qui un tempo di quattro minuti. Trattandosi di quattro lettere in un certo modo tutte uguali (variano soltanto alcuni termini e ovviamente le date e i prezzi), non farete confrontare questa volta gli studenti fra loro, ma passerete direttamente all'esercizio di comprensione, alla fine del quale direte agli studenti di fare un elenco dei nomi dei mesi cercandoli nelle lettere appena lette e nelle descrizioni degli alberghi al punto 15.

Soluzione:

a. *Il primo cliente.*
b. *Il secondo e il quarto cliente.*
c. *Il quarto cliente.*
d. *Il terzo cliente.*

21 E adesso tocca a voi!

Procedete secondo quanto scritto al punto 6 della prima lezione.

Attività supplementare: Prendendo spunto dal libro degli esercizi, dopo l'esercizio 15 a pagina 33 e la lettura a pagina 35, potete proporre ai vostri studenti di descrivere (oralmente o per iscritto) un albergo dove sono stati.

22 Test

Soluzione:

I.
in – camera/stanza – per – con – dà – sul – a – macchina – dà

II.
Confermo la prenotazione di una camera matrimoniale con bagno dal 29 settembre al 3 ottobre e unisco un assegno di L. 146.000 corrispondente al prezzo di una notte. Distinti saluti.

Senta, scusi!

Situazione: A Roma una turista chiede informazioni per arrivare a Piazza Capo di Ferro.

Principali intenzioni comunicative: Chiedere e fornire informazioni su come raggiungere un luogo. Rammaricarsi. Indirizzare qualcuno ad un'altra persona. Ringraziare e rispondere ad un ringraziamento.

Elementi morfosintattici: I verbi modali ed alcuni verbi irregolari al presente (*volere, potere, dovere, sapere, venire* e *uscire*). Il pronome locativo *ci*. I pronomi diretti *lo, la, li, le*. L'articolo partitivo. Le preposizioni articolate. Gli aggettivi indefiniti *tutto* e *ogni*.

Elementi di civiltà: L'orario dei negozi in Italia.

Trascrizione del dialogo

■ *Eh … signora?*
● *Sì.*
■ *Permette una domanda?*
● *Prego, dica!*
■ *Mi può dire dov'è Piazza Capo di Ferro?*
● *Piazza Capo di Ferro? No, mi dispiace, non lo so perché non sono di qui. Ma guardi, lì c'è un vigile. Chieda a lui, e lo sa senz'altro.*
■ *Ah, La ringrazio.*
● *Prego, non c'è di che.*
■ *Buongiorno.*

■ *Eh, senta, scusi!*
▲ *Buongiorno, mi dica!*
■ *Buongiorno, mi scusi, mi sa dire dov'è Piazza Capo di Ferro?*
▲ *Piazza Capo di Ferro. Sì, senta, ma Lei è a piedi?*
■ *Sì, sono a piedi.*
▲ *È a piedi. È un po' lontano. Comunque, guardi, c'è l'autobus, il 64 che passa qui vicino.*
■ *Dove?*

▲ *Guardi, lì c'è la fermata, vede? Accanto all'edicola.*
■ *Ah, sì, sì. E dove devo scendere?*
▲ *Dunque, deve scendere alla terza fermata. Lei conosce la strada?*
■ *Eh, no.*
▲ *No. Allora guardi: Lei scende alla terza fermata e poi va un pochino avanti e sulla destra c'è una strada …*
■ *Sì.*
▲ *Lei prende questa strada, la segue e arriva a una piazza, si chiama Campo de' Fiori …*
■ *Sì.*
▲ *… e la riconosce perché c'è un mercato.*
■ *Mm …*
▲ *Va bene? Attraversa la piazza e arriva a una seconda piazza, Piazza Farnese …*
■ *Sì.*
▲ *… è una bella piazza con un bel palazzo e due fontane. Va bene?*
■ *Sì.*
▲ *Lei arriva in fondo alla piazza, davanti al palazzo e a sinistra c'è una strada. Lei deve andare a Palazzo Spada?*
■ *Sì, sì. Senta, sa se la Galleria è ancora aperta?*
▲ *Sì, beh penso di sì perché i musei chiudono all'una, adesso è mezzogiorno, comunque ecco: Lei prende questa strada – va bene? – e arriva a Piazza Capo di Ferro. Palazzo Spada è lì, lo vede.*
■ *Sì, sì.*
▲ *Insomma, non c'è problema.*
■ *Allora …*
▲ *Sì, però un momentino, no, aspetti c'è un problema perché oggi è lunedì.*
■ *Eh, sì.*
▲ *E appunto. E il lunedì i musei sono chiusi.*
■ *Oh, peccato!*
▲ *Eh, mi dispiace. Comunque, guardi, è una bella zona, può andare lì lo stesso, c'è Campo de' Fiori, Piazza Farnese, Via Giulia. Fa una passeggiata.*
■ *Va bene.*
▲ *Va bene?*
■ *La ringrazio molto.*
▲ *Di niente. Si figuri!*
■ *Buongiorno.*
▲ *Arrivederci.*

Questionario

1

Per lo svolgimento dell'attività di ascolto procedete come indicato al punto 1 della prima lezione.

Le tre piazze nominate nel dialogo si trovano tutte nel centro storico di Roma a pochi metri di distanza l'una dall'altra. Nell'indicazione fornita dal vigile la turista, per raggiungere piazza Capo di Ferro, si trova, scendendo dall'autobus, a dover attraversare prima Campo de' Fiori e poi piazza Farnese. La prima piazza, al centro della quale sorge la statua del filosofo Giordano Bruno qui bruciato come eretico nel 1600, ospita uno dei più pittoreschi mercati della capitale; la seconda è dominata invece dal palazzo che le dà il nome, gioiello del Rinascimento romano e oggi sede dell'ambasciata francese. Su piazza Capo di Ferro si affaccia il bellissimo Palazzo Spada, alcune delle cui sale ospitano la Galleria dove è esposta una collezione di pitture dei secoli XVII e XVIII.

Soluzione:

a. *Per andare a Piazza Capo di Ferro la signora deve prendere l'autobus.*
b. *La signora deve scendere alla terza fermata.*
c. *Campo de' Fiori è la prima piazza. Piazza Farnese è la seconda.*
d. *Normalmente i musei sono aperti fino all'una.*
e. *La turista non può visitare la Galleria perché il lunedì i musei sono chiusi.*

Dialogo

2

Situazione: Una turista si rivolge a una passante per avere alcune informazioni.
Principali intenzioni comunicative: Rivolgersi a qualcuno. Chiedere informazioni su come raggiungere un luogo. Rammaricarsi. Ringraziare Rispondere a un ringraziamento.
Principali elementi morfosintattici: Alcuni imperativi formali (*dica, guardi*). Alcune forme dei verbi *potere* e *sapere*. Gli avverbi di luogo *qui* e *lì*.
Procedimento: Prima di passare all'ascolto, potete mostrare il disegno di pagina 50 che avrete riprodotto su un lucido e proiettato con una lavagna luminosa, domandando agli studenti – che avranno già ascoltato il dialogo introduttivo – che cosa può chiedere la turista alla passante. Questo vi permetterà di avere probabilmente un «anticipo» del lessico presente nel dialogo. Procedete poi come spiegato ai punti 2 e 4 della prima lezione.

In questo e nel seguente dialogo compaiono gli avverbi di luogo *qui* e *lì*. Se volete potete insegnare le forme analoghe *qua* e *là*, spiegando anche che la presenza dell'accento sui due avverbi relativi a un luogo distante ha l'unico scopo di differenziarli dai pronomi diretti *li* e *la* il cui uso è, fra l'altro, uno degli argomenti di questa lezione.
Nella frase *Lì c'è un vigile* il verbo *essere* unito alla particella pronominale *ci* ha il significato di *stare, essere presente*. È allora necessaria anche la presenza di *lì* che indica la lontananza del vigile.
L'espressione *La ringrazio* va imparata dallo studente senza che l'insegnante si soffermi a spiegare il pronome diretto di cortesia o il fatto che il verbo *ringraziare* in italiano richieda l'uso del caso diretto.

3 Esercizio

Prima di far eseguire l'esercizio, spiegate, ricorrendo allo schema grammaticale, come l'articolo sia presente in genere davanti ai nomi di edifici e come invece manchi davanti alle parole *via* e *piazza* (ma anche davanti a *viale, vicolo* e *largo*) quando queste sono seguite dal nome che le distingue. Se volete, potete dire agli studenti di aggiungere l'articolo determinativo (quando sia necessario) davanti alle mète da raggiungere proposte nell'esercizio. Potete poi far eseguire l'esercizio in coppia e far ripetere quindi un paio di frasi in plenum.

La fotografia raffigura la celebre scalinata di Piazza di Spagna a Roma e la sovrastante chiesa di Trinità dei Monti.

4 Dialogo

Situazione: La turista si rivolge a un vigile urbano.
Principali intenzioni comunicative: Chiedere e fornire informazioni su come raggiungere un luogo.
Principali elementi morfosintattici: Alcune locuzioni preposizionali (*accanto a, davanti a, di fronte a*). Il locativo *ci*. Alcune persone del verbo *dovere*.
Procedimento: Come spiegato ai punti 2 e 4 della prima lezione.

Nel dialogo al punto 2 la turista ha detto: *Mi può dire dov'è Piazza Capo di Ferro?*, in questo dialogo invece domanda: ... *mi sa dire dov'è Piazza Capo di*

Ferro? Fate notare come in una richiesta di questo tipo, mirata cioè ad ottenere un'informazione, sia possibile usare indifferentemente i verbi *sapere* e *potere*.
Il pronome locativo *ci* della sesta battuta (*ci può andare in autobus*) si distingue tra l'altro dagli avverbi *qui* e *lì* per il fatto di non poter ricevere un accento all'interno della frase di cui fa parte, prerogativa questa che *qui* e *lì* invece condividono.
Evidenziate ancora le espressioni *a piedi, in autobus* e la possibilità della preposizione *a* di unirsi a un articolo.

Esercizio 5

Quello che qui ci si propone è di fare utilizzare agli studenti le locuzioni preposizionali evidenziate nello specchietto grammaticale. Leggete insieme agli studenti i nomi degli edifici raffigurati nel disegno e fate poi eseguire l'esercizio in coppia o, se preferite, in plenum.

Esercizio 6

Quest'esercizio non dovrebbe presentare difficoltà, non richiedendo nient'altro che la ripetizione del dialogo al punto 4 con le variazioni qui proposte. Fine dell'attività è l'esercitazione di alcune parti del discorso (articoli, preposizioni, numeri ordinali e cardinali) di cui lo studente è già a conoscenza.

Esercizio 7

Fate leggere l'esempio alla vostra classe e spiegate ancora una volta che il pronome *ci* sostituisce un luogo (in questo caso *ristorante*) già menzionato. Fate eseguire l'esercizio individualmente; fate quindi confrontare i risultati in coppia ed alla fine controllate in plenum.

Soluzione: **a.** *ci restiamo* **b.** *ci vado* **c.** *ci resto* **d.** *ci restano* **e.** *ci andiamo/ci torniamo* **f.** *Ci torniamo*

8 Dettato

Principali elementi morfosintattici: I pronomi diretti di terza persona (*lo, la, li, le*).

Soluzione:

▲ *Lei scende alla terza fermata e poi va un pochino avanti e sulla destra c'è una strada.*

■ *Sì.*

▲ *... la segue e arriva a una piazza, si chiama Campo de' Fiori, e la riconosce perché c'è un mercato.*

■ *Bene.*

▲ *La attraversa e arriva a una seconda piazza, Piazza Farnese. È una bella piazza con un palazzo e due fontane. Lei arriva in fondo alla piazza, e a sinistra c'è una strada. Lei deve andare a Palazzo Spada?*

■ *Sì, sì.*

▲ *Ecco Lei prende questa strada e arriva a Piazza Capo di Ferro. Palazzo Spada è lì, lo vede.*

Nella pianta a pagina 53 Piazza Capo di Ferro non compare. Compare invece una via con lo stesso nome (in basso al centro leggermente spostata a destra). Piazza Capo di Ferro è la piazzetta di fronte a Palazzo Spada. Ancora nei primi anni di questo secolo una casa divideva Piazza Capo di Ferro dalla oggi adiacente Piazza della Quercia. Pur avendo la distruzione dell'edificio trasformato in un solo ambiente le originarie due piazze, il toponimo si è conservato.

9 Esercizio

Dopo aver spiegato l'uso dei pronomi diretti, fate eseguire l'esercizio individualmente. Fate poi confrontare i risultati prima in piccoli gruppi, poi in plenum.

Soluzione: **a.** *la* **b.** *lo* **c.** *li* **d.** *le* **e.** *lo*

Esercizio

10

Trascrizione del brano:

Risponde la segreteria telefonica del numero 9447564. Sono momentaneamente fuori. Se volete lasciare un messaggio, parlate dopo il segnale acustico. Grazie.

Oddio Marisa non ci sei! Come facciamo adesso? Va be'. Senti io domani non posso venire a prenderti alla stazione perché c'è un piccolo contrattempo. Ti dico adesso come puoi fare per arrivare a casa mia, tanto non è difficile. Guarda, ecco: questo è quello che devi fare. Per prima cosa quando esci dalla stazione devi prendere l'autobus … il 16. Va bene? Numero 16. E scendi alla quarta fermata che è Viale Michelangelo. La fermata è davanti al distributore Agip, quindi la vedi subito. Poi vai dritto fino a un grande incrocio, e lì c'è un semaforo, e giri a destra – oh – e dopo c'è una piazza, si chiama Piazza Tirso. Tu attraversi la piazza, vai ancora dritto, e alla prima traversa, che è via Dante, giri ancora a sinistra – oh – e qui dopo pochi metri sulla destra c'è una piccola strada, Via Po, e io abito lì adesso. Va bene? La casa è proprio all'angolo. Non puoi sbagliare, perché sotto c'è un tabaccaio, e il tabaccaio ha le mie chiavi. Si chiama Gatti, e sa già tutto. Va bene? Senti, io esco dall'ufficio alle sette e trenta e vengo subito a casa. Se hai fame apri il frigorifero: lì ci sono delle uova, dei pomodori. In cucina c'è del pane. Altrimenti mi aspetti e poi quando torno andiamo a prendere una pizza. Va bene? Ciao!

Procedimento: Prima di far ascoltare il brano, avvisate gli studenti che il ritmo sarà abbastanza sostenuto, dato che chi parla sa di dover riuscire a dare un'informazione completa nei pochi minuti che il nastro della segreteria telefonica mette a sua disposizione. Non solo la dizione dunque, ma lo stesso tono saranno concitati.
Prima di avviare il registratore, assicuratevi che gli studenti abbiano capito i disegni relativi all'informazione stradale contenuta nel messaggio. Fate ascoltare poi la registrazione, la prima volta con il libro chiuso, successivamente con il libro aperto, facendo poi eseguire l'esercizio. Anche per questa attività dopo ogni ascolto fate confrontare fra loro gli studenti variando ogni volta i gruppi. Fate ascoltare il testo finché non avrete l'impressione che la classe sia arrivata alla soluzione (o che sia vicina ad essa). Verificate poi insieme, proiettando il disegno di pagina 54 che avrete precedentemente riprodotto su un lucido.

11 Esercizio

Per facilitare lo svolgimento dell'esercizio potete copiare le frasi su delle strisce di carta o di cartoncino e fare ricomporre il testo (in coppie o in minigruppi) prima o durante l'ascolto.

Soluzione: *Senti, io esco dall'ufficio alle 7.30 e vengo subito a casa. Se hai fame, apri il frigorifero: lì ci sono delle uova e dei pomodori e in cucina c'è del pane. Altrimenti mi aspetti e, quando torno, andiamo a mangiare una pizza. Va bene? Ciao.*

12 Esercizio

Spiegate, prima di passare all'esercizio, la funzione del partitivo (un articolo che definisce una quantità imprecisata) facendo eventualmente alla lavagna uno schema che spieghi il comportamento degli articoli determinativi quando sono preceduti dalla preposizione *di*.
Chiedete poi agli studenti di nominare tutto quello che nel disegno è raffigurato all'interno del frigorifero (tutto lessico di cui sono a conoscenza già dalla seconda unità). Se lo ritenete necessario, scrivete alla lavagna i nomi degli alimenti raffigurati (*funghi, insalata, formaggio, uova, mozzarella, olive, cetriolini, tonno, pomodori, aranciata, latte, vino*). Chiedete quindi ai vostri studenti di premettere ad ogni vocabolo l'articolo determinativo (es. *latte* → *il latte*) e di formare poi l'articolo partitivo (→ *del latte*). Dopo uno o due esempi fatti in plenum, fate eseguire l'esercizio singolarmente e/o in coppia confrontando poi alla fine con tutta la classe.

13 E adesso tocca a voi!

Prima di far svolgere la prima delle due attività vi consigliamo di ritornare alla piantina di pagina 54 e di far ripetere agli studenti le indicazioni necessarie per raggiungere la casa di Andrea.

Attività scritta: Questo è un esercizio che si può far svolgere a casa. Dite agli studenti che possono scrivere, oltre che ad un amico, ad un conoscente con il quale hanno un rapporto formale o ancora a più persone usando in quest'ultimo caso il pronome *voi*.

Lettura 14

Scrivendo il presente testo ci siamo resi conto di come gli orari di apertura e chiusura dei negozi varino da una città all'altra, con una spiccata tendenza all'orario continuato. Poiché scopo della lettura è, oltre alla comprensione di un testo scritto, quello di informare gli studenti sugli orari degli esercizi commerciali in Italia, sarà vostro compito mettere al corrente la classe di eventuali cambiamenti sopraggiunti nel frattempo.

Prima di leggere il testo, dite agli studenti di guardare le fotografie e chiedete se nella loro città gli orari sono simili o se esistono differenze. Le fotografie permettono di introdurre vocaboli nuovi (come *feriale/festivo, orario continuato, giornata di chiusura* etc.) che serviranno a facilitare la comprensione del testo. Procedete quindi nel modo indicato al punto 22 della prima lezione dando quattro minuti di tempo per la prima lettura.

Con il termine *semifestivo* si intende un giorno lavorativo come il 24 o 31 dicembre in cui le banche e gli uffici sono aperti soltanto la mattina.

Soluzione:

a. *I grandi magazzini e i distributori sull'autostrada.*
b. *Le edicole e i distributori sull'autostrada.*
c. *I ristoranti e i bar.*
d. *I negozi.*
e. *Le banche.*

Esercizio 15

Prima di far svolgere l'esercizio, fate notare come dopo *ogni* ci sia un sostantivo singolare e dopo *tutti/tutte* un sostantivo plurale preceduto dall'articolo determinativo. Fate eseguire l'esercizio in classe oralmente, in coppia o in minigruppi, ed infine controllate in plenum.
Se preferite potete far svolgere l'esercizio a casa come compito scritto.

Soluzione:

a. *Vado in chiesa ogni domenica.*
b. *In tutte le città c'è un ufficio postale.*
c. *Tutte le sere guardiamo la TV.*
d. *Faccio la doccia ogni mattina.*
e. *Tutti gli anni in estate passo 15 giorni al mare.*

f. *Tutti i giorni faccio mezz'ora di jogging.*
g. *In ogni bar c'è il listino prezzi.*

16 Test

Soluzione:

I.
vicino – piccolo – difficile – aperto – festivo – uguale – a sinistra – a piedi – chiudere – uscire – andare

II.
a. *all' – fino – girate – Andate – lo*
b. *abbastanza – prendere – all' – gira – la*
c. *dalle – alle – pomeriggio – alle – chiudono alle – continuato*
d. *mattina – aperte – giornali – ogni*

Il colore non mi piace

Situazione: Un signore va in un negozio di abbigliamento per cambiare qualcosa.

Principali intenzioni comunicative: Informare. Fare una richiesta. Esprimere un dubbio. Dare ragione. Tranquillizzare. Chiedere e concedere un permesso. Esprimere sorpresa.

Elementi morfosintattici: I verbi *piacere, sembrare* e *occorrere*. Il *si* passivante. I colori. L'aggettivo e pronome *quello*. Il pronome interrogativo *quale*. I pronomi diretti di terza persona e la loro posizione in presenza di un infinito. Formazioni degli avverbi. Il comparativo.

Trascrizione del dialogo

■ *Buongiorno.*
● *Buongiorno. Dica.*
■ *Sì, senta. Ieri mia moglie mi ha comprato questo pullover.*
● *Sì.*
■ *Però, insomma, è un po' grande; e poi, ecco, detto tra noi c'è il colore che non mi piace per niente.*
● *Non Le piace.*
■ *E allora, non so. Si può cambiare?*
● *Beh, si può cambiare se Lei ha lo scontrino.*
■ *Come no! Eccolo qua.*
● *Sì, un attimo. D'accordo. E vuole un altro modello? Un altro pullover?*
■ *No, io, ecco vorrei vedere quei pantaloni di velluto a coste che sono in vetrina.*
● *E quali? Quelli verdi?*
■ *Quelli verdi, esattamente. C'è quel verde scuro che mi piace molto.*
● *Mm... va bene. E che taglia porta?*
■ *La 50.*
● *La 50? Sicuro?*
■ *Mah, normalmente ...*
● *La 50 mi sembra un po' grande per Lei.*
■ *Va be'. Li provo.*
● *D'accordo. Attenda un attimo.*

....

● *Ecco guardi, se vuole provarli, lì c'è il camerino.*
■ *Benissimo.*
● *Si accomodi.*

....

■ *Signorina?*
● *Sì?*
■ *Ha ragione Lei. Sono un po' larghi di vita.*
● *Un po' grandi. Eh sì.*
■ *Posso provare la 48?*
● *La 48 però in questo colore non c'è. Abbiamo una tonalità più chiara, questo verde chiaro. Oppure ci sono quelli neri.*
■ *Mah, questo verde chiaro è un colore un po' strano.*
● *Non Le va?*
■ *No. Allora provo quelli neri.*
● *Proviamo quelli neri. D'accordo.*

....

● *Ecco prego*

....

■ *Sì. Sì.*
● *Vanno bene?*
■ *Sì, sì, questi vanno bene. Vanno bene di vita. Però sono un po' lunghi.*
● *Non c'è problema. Si possono accorciare.*
■ *Sì. Potete farlo ... potete farlo voi?*
● *Certo, certo guardi. Prendo subito le misure. Un attimo... Ecco qui. Così Le piacciono? Vanno bene?*
■ *Sì, perfetto. Perfetto. Bene.*
● *Le occorre qualcos'altro?*
■ *Eh sì. Posso vedere quelle camicie?*
● *Prego prego. Faccia pure.*
■ *C'è questa qui che non è male. Sì non è male. Quanto costa questa?*
● *Questa viene 96.000 lire.*
■ *Ah, però! È un po' cara eh?*
● *Beh, non è proprio economica, non è proprio a buon mercato. Però insomma è puro cotone. Cento per cento cotone. Questo poi è il modello nuovo, vede?*
■ *Va bene. Eh, non so. La mia misura c'è?*
● *La sua misura... Che taglia porta. Che misura ha?*
■ *Mah, la media, credo.*
● *La media. Forse è meglio controllare allora. Aspetti un attimo. ... Dov'è il metro ... Aspetti ... Sì, sono esattamente 39 centimetri. Sì, è proprio la media.*

- ■ *È la media. Va bene, d'accordo. Allora prendo anche questa camicia.*
- ● *Va bene. Desidera altro?*
- ■ *No, no. Va bene. Basta così. Ecco, se mi dice quant'è. Quanto pago?*
- ● *Un attimo allora prego... Allora i pantaloni 147, la camicia 96.000 e sono 243.000 lire. Poi togliamo le 120.000 del pullover, fanno 123, e poi la modifica ai pantaloni sono 15.000 lire. Quindi in tutto sono 138.000 lire.*
- ■ *Va bene d'accordo. Allora ecco a Lei. E... senta per i pantaloni quando posso ripassare?*
- ● *Mah, dopodomani sera.*
- ■ *Dopodomani sera. Benissimo. Allora a dopodomani.*
- ● *Grazie.*
- ■ *Arrivederla.*
- ● *Arrivederla.*

Questionario 1

Essendo presente nel brano del lessico specifico senza la conoscenza del quale risulta difficile svolgere l'esercizio, vi consigliamo, prima di avviare il registratore, di preparare la classe all'ascolto.

Chiedete che cosa è possibile acquistare in un negozio di abbigliamento e scrivete alla lavagna i nomi italiani dei capi che i vostri studenti vi forniranno molto probabilmente nella loro lingua. Chiedete ancora di quali colori e di quali tessuti possono essere i capi. Quando avrete scritto quanto la classe vi ha detto, avvierete il registratore procedendo come indicato al punto 1 della prima lezione.

Soluzione: **a.** *un pullover* **b.** *di velluto* **c.** *il verde scuro* **d.** *nero* **e.** *una camicia*

Dialogo 2

Situazione: Il signore chiede se può cambiare il pullover che la moglie gli ha comprato.
Principali intenzioni comunicative: Informare. Esprimere il proprio gusto. Prendere atto. Chiedere un permesso. Sottoporre il permesso a una condizione.
Principali elementi morfosintattici: Il verbo *piacere*. Il *si* passivante.
Procedimento: Come spiegato ai punti 2 e 4 della prima lezione.

Anche se a un orecchio non italiano la cosa potrà sembrare singolare, la formula con la quale di solito in Italia ci si rivolge a un cliente è *Dica*, formula cortese quanto *prego* o *desidera*.
È importante, crediamo, mettere in rilievo il *come no!* del cliente che, rincuorato dalla possibilità di effettuare il cambio, mostra soddisfatto lo scontrino. *Come no!* ha il significato di *certo, naturalmente* arricchito dalla funzione di diradare un dubbio espresso direttamente o indirettamente dall'interlocutore.

La particella pronominale *si* appare in questo dialogo in un uso che, oltre che impersonale, è detto passivante dal momento che la sua presenza obbliga il verbo a concordare con il sostantivo che lo accompagna (vedi specchietto a pagina 60), esattamente come avverebbe in una costruzione passiva. L'uso impersonale del pronome *si* sarà visto nel corso della settima lezione.

3 Esercizio

Prima di far svolgere l'esercizio spiegherete i vocaboli non conosciuti. Avvertite poi la classe che le combinazioni non devono svilupparsi esclusivamente in linea orizzontale.

4 Dialogo

Situazione: Il cliente decide di provare un paio di pantaloni.
Principali intenzioni comunicative: Fare una richiesta. Chiedere una precisazione. Confermare. Dichiarare una propria impressione.
Principali elementi morfosintattici: Il pronome e aggettivo dimostrativo *quello*. Il pronome interrogativo *quale*. Il verbo *sembrare*. La posizione del pronome diretto in presenza di un infinito. I colori.
Procedimento: Come spiegato ai punti 2 e 4 della prima lezione.

5 Esercizio

La particolarità del dimostrativo *quello*, che se aggettivo si comporta come un articolo determinativo, dovrà essere ben messa in evidenza e praticata nell'esercizio. Fate attenzione ancora che la vostra classe non confonda *quale* con *quello*. A tal fine sarà bene che, prima di far svolgere l'esercizio in coppia, svolgiate voi, insieme a uno studente, un paio di esempi ad alta voce davanti alla classe. Qualora poi il gruppo fosse particolarmente debole, chiederete ai vostri studenti di dettarvi tutti i capi di abbigliamento presenti nella vetrina. Una volta che li avrete scritti alla lavagna, farete premettere ad essi il dimostrativo e farete quindi ripetere ad ogni studente la prima battuta variando ogni volta il capo di abbigliamento. Formerete quindi delle coppie che ripeteranno il dialogo fino a *esattamente*.

Esercizio 6

Si tratta qui di ripetere, facendo le opportune variazioni, quanto illustrato nello specchietto grammaticale. Prima di procedere sarà bene però far riconoscere agli studenti i capi di abbigliamento raffigurati, chiedendo loro di nominarli. (Attenzione perché nel quarto disegno sono raffigurati due vestiti, nome quest'ultimo del quale gli studenti potrebbero non essere ancora a conoscenza.) Disponendo poi di cartocini che raffigurino articoli di abbigliamento (per farli vi basterà ritagliare le immagini di una rivista di moda o di un catalogo di vendita per corrispondenza), potrete facilmente ampliare l'esercizio. Distribuirete i cartoncini rovesciati agli studenti. Ognuno di loro ne scoprirà uno pronunciando davanti alla classe o al compagno con cui svolgerà l'esercizio la frase richiesta.

Soluzione:
Ecco la gonna. Se vuole provarla, lì c'è il camerino.
Ecco gli shorts. Se vuole provarli, lì c'è il camerino.
Ecco il cappotto. Se vuole provarlo, lì c'è il camerino.
Ecco i vestiti. Se vuole provarli, lì c'è il camerino.

E adesso tocca a voi! 7

Ricordate che in questa attività gli studenti devono parlare liberamente. Alla fine, se volete, potete proporre a una o a due coppie di interpretare la situazione davanti alla classe.
Per animare l'attività potreste usare dei cartoncini sui quali avrete incollato fotografie di capi di abbigliamento ritagliate da una rivista di moda.

8 Lettura

Principali elementi morfosintattici: La formazione dell'avverbio.

Per facilitare la lettura potete fotocopiare la pubblicità di pagina 63 e, una volta cancellati i testi che accompagnano i disegni, presentare alla classe, riprodotte su un lucido, solamente le immagini. Spiegate che ognuna di esse si riferisce a un vantaggio che si ha facendo acquisti alla Rinascente; chiedete ai vostri studenti di immaginare quali possono essere questi vantaggi. L'attività vi permetterà di introdurre il lessico necessario a una migliore comprensione del testo.
Procederete poi come spiegato al punto 22 della prima lezione dando tre minuti di tempo per la prima lettura.

Soluzione: *falso, falso, vero, vero, falso.*

Potete far notare di questa lettura l'uso della terza persona plurale (*fanno le modifiche, me lo cambiano*) per indicare qualcuno o alcuni la cui identità non è espressa. Si tratta di una forma impersonale che diversamente dal *si* (presente ad esempio nel dialogo al punto 2 con la domanda *si può cambiare?*) definisce una azione che resta estranea a chi la menziona. Dire *si lavora fino alle due* esprime infatti o un comportamento generale o una necessità, mentre *Lavorano fino alle due* limita il comportamento ad altri i quali, nell'azione che compiono, sono estranei a chi parla.

9 Esercizio

Potete qui spiegare subito la regola della formazione degli avverbi oppure farla dedurre agli studenti presentando le coppie *assoluto – assolutamente* e *ovvio – ovviamente*. Entrambi gli avverbi sono già conosciuti dalla classe essendo comparsi nel corso della terza e della quarta lezione (*No, assolutamente* lezione 3 punto 5, ... *di mattina ovviamente* lezione 3 punto 7 e *i negozi sono aperti generalmente di mattina* lezione 4 punto 14).

Soluzione: **a.** *fredda – freddamente* **b.** *silenziosa – silenziosamente*
c. *comodamente – comode* **d.** *tranquilla – tranquillamente*

Dialogo (10)

Situazione: Il cliente decide di provare un secondo paio di pantaloni.
Principali intenzioni comunicative: Dare ragione. Fare una richiesta. Esprimere perplessità.
Principali elementi morfosintattici: Il comparativo.
Procedimento: Come spiegato ai punti 2 e 4 della prima lezione.

La presenza e la posposizione del pronome nella frase *Ha ragione Lei* hanno chiaramente una funzione enfatica. In questo caso servono al cliente per riconoscere il suo errore; ha infatti voluto provare una taglia che invece alla commessa sembrava (ed effettivamente era) piccola.

Esercizio (11)

Il difetto del capo di abbigliamento è stato sempre fornito alla forma maschile singolare. Prima di far svolgere l'esercizio chiederete perciò agli studenti di nominare il capo di abbigliamento declinando l'aggettivo che si accompagna ad esso.

Per la soluzione diamo a titolo di esempio soltanto il dialogo relativo al primo disegno.

■ *Signorina?*
● *Sì.*
■ *Ha ragione Lei, la giacca è un po' lunga di maniche, posso provare la 50?*
● *La 50 però in questo colore non c'è. Abbiamo una tonalità più scura/chiara, questo grigio scuro/chiaro.*

Dialogo (12)

Situazione: Il cliente ha provato un secondo paio di pantaloni.
Principali intenzioni comunicative: Presentare la soluzione di un problema.
Principali elementi morfosintattici: Uso del *si* passivante.
Procedimento: Come spiegato ai punti 2 e 4 della prima lezione o secondo il procedimento illustrato in appendice a pagina 176.

Per l'uso passivante del pronome *si*, rimandiamo a quanto detto al punto 2. Per l'uso e la posposizione del pronome nella frase *Potete farlo voi?*, si veda il punto 10.

13 Esercizio

Dato che gli studenti conoscono già il verbo *accorciare* e gli aggettivi *lungo*, *stretto* e *largo*, non dovrebbero avere difficoltà a completare lo schema.

Soluzione: *accorciare – lungo – stretto – largo*

14 Esercizio

Prima di far eseguire l'esercizio in coppia, chiedete agli studenti: «*Cosa si può fare se la gonna è larga?*». Una volta ottenuta la risposta, ripetete insieme a uno studente il dialogo con i cambiamenti relativi al punto ***a***. Gli studenti svolgeranno poi da soli il resto dell'esercizio.

15 Dettato

Soluzione:

● *Le occorre qualcos'altro?*
■ *Sì. Posso vedere quelle camicie?*
● *Prego. Faccia pure.*
■ *C'è questa qui che non è male. Quanto costa?*
● *Questa viene 96.000 lire.*
■ *Ah, però! È un po' cara, eh?*
● *Beh, non è proprio economica, non è proprio a buon mercato. Però, insomma, è di puro cotone. Cento per cento cotone. Questo poi è un modello nuovo, vede?*

La forma *Faccia pure* si usa tutte le volte che si concede un permesso richiesto. (Più avanti, nella lezione 13, sarà chiarita la funzione di *pure* unito all'imperativo). L'esclamazione *Ah, però!* esprime invece sorpresa (in questo caso di fronte al prezzo elevato della camicia), ma può essere anche usata per manifestare ammirazione (come si vedrà nella lezione seguente). Fate notare come la commessa convenga con il cliente, riconoscendo il fatto che la camicia è cara (*Beh, non è proprio economica*), ma riservandosi poi con *però, insomma* di evidenziare i pregi della camicia. Ricordate infine alla vostra classe che la domanda *Quanto costa?* (o *Quanto viene?*) si fa prima d'aver acquistato qualcosa. Quando si vuole pagare, la domanda è invece di solito *Quant'è?* (vedi anche il dettato della seconda lezione) o *Quanto pago?*

Esercizio 16

Ripetendo il dialogo da *C'è* ... è bene che sia nominato il capo di abbigliamento. Il dialogo con *calze* deve svolgersi per esempio nel modo seguente:

■ *Ci sono queste calze qui che non sono male. Quanto costano?*

● *Queste vengono 39.000 lire.*

■ *Ah, però! Sono un po'care eh?*

● *Beh, non sono proprio economiche, non sono proprio a buon mercato. Però, insomma, sono di pura seta. Cento per cento seta. Questo poi è l'ultimo modello, vede?*

Esercizio 17

Soluzione: *Come no?! – Faccia pure! – Ah, però! – Esattamente – Però, insomma ... – Certo!*

Esercizio 18

Soluzione: **a.** *Certo* **b.** *Esattamente* **c.** *faccia pure.* **d.** *Come no!* **e.** *Ah, però!* **f.** *però, insomma*

E adesso tocca a voi! 19

Si veda quanto detto sopra al punto 7.

Lettura 20

Gli annunci sono tratti da *BAZAR*, una pubblicazione di inserzioni economiche pubblicata a Trento.

Assegnate cinque minuti per questo esercizio, alla fine dei quali farete confrontare gli studenti formando delle coppie. Assegnerete ancora cinque minuti per l'esercizio successivo al quale seguirà come di regola il confronto a coppie.
Alla fine dell'esercizio potete far scrivere ai vostri studenti un annuncio dello stesso tipo.

Soluzione:

a. A4, B1, C8, D9, E3, F5, G3, H6, I7, J2.

b.

annuncio	articolo	colore	tessuto materiale	taglia numero	prezzo
N°1	giacca	a quadri	lana	52	80.000
N°2	giacca	grigio/verde	lana	48	80.000
N°3	stivali		pelle/camoscio	41	45.000
N°4	abito da sposa			44	600.000
N°5	giubbotto	marrone chiaro		52	50.000
N°6	scarpe		vitello		50.000
N°7	borsetta	colore cuoio	pelle		90.000
N°8	giacca a vento	azzurro		52/54	150.000
N°9	tuta sci			52	

21 Test

Soluzione:

I

chiaro – corto – elegante – economico / a buon mercato – largo – piccolo

II

a. *Ti piacciono quei pantaloni bianchi ?*
b *Quel pullover verde non mi piace.*
c. *Franco, ti piace quella camicia rossa?*
d. *Signora, Le piacciono quegli stivali neri?*
e. *Mi piace molto quell'impermeabile grigio.*

III

a. *di – in* **b.** *tra* **c.** *di* **d.** *per* **e.** *a* **f.** *di – per* **g.** *di – per* **h.** *a*

La Sicilia ti è piaciuta?

Situazione: Chiara telefona ad Alfredo.

Principali intenzioni comunicative: Raccontare. Informarsi. Esprimere sorpresa. Invitare. Rammaricarsi. Esprimere disappunto. Convincere. Accettare un invito. Proporre. Concordare.

Elementi morfosintattici: Il passato prossimo. Alcuni pronomi indiretti (*ti, vi, Le*). L'uso della doppia negazione (*non ... niente*). Il superlativo relativo. Uso degli ausiliari con i verbi transitivi e intransitivi. L'uso transitivo e intransitivo dei verbi *cominciare* e *finire*. L'uso di *da, fra* e *fa* nelle locuzioni temporali.

Elementi di civiltà: Notizie sulla Sicilia e sugli spettacoli all'Arena di Verona.

Trascrizione del dialogo

■ *Pronto.*
● *Alfredo?*
■ *Oh Chiara! Finalmente! Come stai?*
● *Bene, grazie. E tu?*
■ *Eh, non c'è male.*
● *Senti, ma io ti ho cercato tanto ieri e l'altro ieri al telefono perché ho sentito il messaggio sulla mia segreteria telefonica, ma tu non c'eri.*
■ *No, io sono stato ... sono stato in campagna ...*
● *Ah, ah ...*
■ *Sono stato in campagna perché c'è stata una grande festa. Sai, mia madre ha compiuto gli anni, 70 anni, e allora abbiamo fatto questa festa e abbiamo invitato ...*
● *I parenti ...*
■ *I parenti. Sai, sono venuti gli zii, i cugini, le cugine. Tutta la famiglia insomma.*
● *Avete riunito, appunto, tutta la famiglia.*
■ *Tutta la famiglia esattamente.*
● *Bello. Bellissimo.*

■ *E … sì … Ecco, io ti ho telefonato … Sì, ma senti, sei stata ancora in giro per lavoro?*
● *No, no. Sono andata in vacanza, caro mio.*
■ *Ah, in vacanza! Bene. E dove?*
● *Sono stata in Sicilia perché ho vinto un viaggio – premio dell'azienda, dalla mia azienda.*
■ *Ah, bene, bene, bene. Ma da sola?*
● *No, no, no. Con alcuni colleghi sempre dell'azienda. È stata un viaggio … guarda è stato un viaggio splendido devo dire, veramente.*
■ *Bene, e dove siete stati in Sicilia?*
● *Mah, guarda, praticamente abbiamo girato tutta l'isola. E abbiamo visitato le città più importanti: Palermo, Catania, Agrigento. Ed è stata … Poi siamo andati anche sull'Etna.*
■ *Ah, però!*
● *No? Uno spettacolo splendido da lassù. Veramente unico.*
■ *Ho capito. Insomma la Sicilia ti è piaciuta.*
● *Moltissimo, moltissimo.*
■ *Senti, ma è stato caro il viaggio? Hai pagato molto?*
● *No, no. Tutto completamente gratis.*
■ *Ah già, è vero, è vero. Ha pagato l'azienda.*
● *Certo, certo. Io non ho pagato niente.*
■ *Però, però. Insomma proprio la bella vita, eh?*
● *La bella vita, la dolce vita, tutta vita.*
■ *Quindi ottimi alberghi.*
● *Ottimi alberghi, ottimi ristoranti. Quindi ho dormito in modo favoloso e ho mangiato in modo ancora più favoloso.*
■ *Benissimo. Bene. La bella vita. Oh, ecco, e a proposito di bella vita, io ti ho telefonato più volte in questi giorni perché ho due biglietti per andare a vedere l'Aida all'Arena.*
● *Quando?*
■ *È per domani sera.*
● *Ah, domani?*
■ *Sì. Non puoi?*
● *Veramente avrei un impegno. Mannaggia! Ma forse, forse potrei rimandarlo.*
■ *Ho capito. Beh, non lo so … vedi un po', sai è un'occasione …*
● *Ma sì, sì. Va bene.*
■ *Oh, perfetto, benissimo. Bene, allora …*
● *Sì, ma a che ora?*
■ *Ma, lo spettacolo comincia alle nove, ma …*
● *Ma bisogna andare molto prima?*

■ *No. No, no, perché sono due poltrone.*
● *Accidenti!*
■ *Eh, t'ho detto: la bella vita.*
● *Ah, ah. Allora vengo subito, figurati.*
■ *Bene, a questo punto io direi di vederci forse un pochino prima. Possiamo vederci … così mangiamo qualcosina prima.*
● *Sì, sì, io direi forse tra le sette e mezzo e le otto. Va bene?*
■ *Benissimo. Dove?*
● *Ma, al bar Dante?*
■ *Il bar Dante qual è? Aspetta.*
● *Quello … quello in piazza Dante dove c'è il monumento.*
■ *Ah! Piazza dei Signori vuoi dire?*
● *Ah! Hai ragione. Sì, sì, sì, Piazza dei Signori. Io faccio confusione.*
■ *Sì, sì, sì. Certo. Al bar Dante fra le sette e mezzo e le otto. Benissimo, bene. Allora che faccio? Prendo la macchina?*
● *No, no, guarda, io la macchina non la prendo. Vengo a piedi, quindi …*
■ *Sì, sì ché poi c'è il problema con il parcheggio.*
● *Sì, sì c'è sempre il problema.*
■ *Va bene, d'accordo, allora ci vediamo domani fra le sette e e mezzo e le otto a piazza Dante.*
● *Sì.*
■ *Benissimo. D'accordo. A domani allora.*
● *Ciao!*

Questionario

(1)

Per lo svolgimento dell'attività di ascolto procedete come indicato al punto 1 della prima lezione.

Le fotografie di pagina 71 raffigurano Marettimo (una delle isole Egadi), il Tempio di Eracle nella Valle dei Templi di Agrigento e l'esterno della Cappella Palatina nel Palazzo Reale di Palermo.

Tra i punti grammaticali di questa lezione troviamo il passato prossimo il cui uso e le cui regole verranno affrontati negli esercizi che seguono soprattutto il primo dialogo. Non è necessario dunque che l'intera forma venga spiegata in occasione della lettura del questionario, lettura che del resto non dovrebbe presentare nessuna difficoltà.

Soluzione: **a.** *f* **b.** *f* **c.** *v* **d.** *f* **e.** *v* **f.** *f* **g.** *v* **h.** *v* **i.** *f*

② Dialogo

Situazione: Alfredo racconta il motivo della sua assenza nei giorni passati.
Principali intenzioni comunicative: Raccontare.
Principali elementi morfosintattici: Passato prossimo indicativo delle tre coniugazioni nei verbi transitivi e intransitivi.
Procedimento: Come spiegato ai punti 2 e 4 della prima lezione.

La presenza in questo dialogo del participio passato delle tre coniugazioni verbali e la presenza ancora del passato prossimo dei verbi transitivi (ausiliare *avere*) e di quelli intransitivi (ausiliare *essere* e conseguente accordo in genere e numero del participio) richiede una spiegazione molto attenta e lo svolgimento, oltre che dell'attività al punto 3, anche di quelle corrispondenti nel libro degli esercizi.
L'inversione del soggetto (*sono venuti gli zii*), molto frequente in italiano in contesti narrativi, permette qui a chi racconta di non ripetere in continuazione il verbo. Se Alfredo avesse detto (in modo innaturale) *gli zii sono venuti*, avrebbe dovuto poi dire *i cugini sono venuti e le cugine sono venute*.

③ Esercizio

Soluzione:
a. *Eh, sì, ma io sono andato/a a Milano perché c'è stato un congresso di informatica.*
b. *Eh, sì, ma è venuto mio padre e siamo andati in centro.*
c. *Eh, sì, ma io sono tornato/a a casa alle 10.00 perché ho lavorato fino a tardi.*
d. *Eh, sì, ma ieri sera mi ha telefonato Dario e poi noi siamo andati al cinema.*
f. *Ma io sono stato/a tutta la sera a casa, forse non ho sentito il telefono.*

La fotografia di pagina 73 raffigura Cefalù, cittadina in provincia di Palermo, famosa per la sua Cattedrale risalente al periodo normanno.

④ Dialogo

Situazione: Chiara inizia a raccontare il suo viaggio in Sicilia.
Principali intenzioni comunicative: Raccontare e far raccontare. Compiacersi. Esprimere entusiasmo.

Principali elementi morfosintattici: Passato prossimo indicativo. L'aggettivo *solo* rinforzato dalla preposizione *da*.
Procedimento: Come spiegato ai punti 2 e 4 della prima lezione.

Interessante è la funzione di *guarda* dell'ultima battuta; con esso Chiara richiama l'attenzione di Alfredo sull'aggettivo (*splendido*) che da solo riassume tutta la bellezza del viaggio.
Le forme *solo* e *da solo* sono spesso sostituibili fra loro. In questo caso però, essendo sottinteso nella domanda di Alfredo il verbo *stare* (Chiara ha appena detto *sono stata in Sicilia*), è indispensabile la locuzione *da sola* che insiste sull'indipendenza della persona, laddove l'aggettivo *sola* ne avrebbe invece evidenziato la solitudine intesa come assenza di compagnia.

Esercizio 5

I simboli accanto alle frasi stanno a significare che le domande debbono essere fatte: al punto **a.** a una donna e al punto **b.** a un uomo, quindi ai punti successivi: a due uomini, a due donne, a un uomo e a una donna.

Diamo a titolo di esempio soltanto il dialogo relativo al punto **a.**
■ *Sei stata ancora in giro per lavoro?*
● *No, ho frequentato un corso di restauro.*
■ *Ah, bene. E dove?*
● *In Toscana. È stata, guarda, un'esperienza unica.*

Dialogo 6

Situazione: Chiara conclude il racconto del suo viaggio.
Principali intenzioni comunicative: Raccontare. Esprimere meraviglia. Esprimere entusiasmo.
Principali elementi morfosintattici: Il passato prossimo del verbo *piacere*. Il superlativo relativo.
Procedimento: Come spiegato ai punti 2 e 4 della prima lezione.

L'avverbio *praticamente* introduce un chiarimento che non si vuole perdere in dettagli. *Abbiamo girato tutta l'isola* è infatti la risposta sintetica di Chiara alla domanda di Alfredo.
Analogo è l'uso di *insomma*, presente anch'esso nel dialogo con una funzione però decisamente conclusiva.

Fate notare come qui il significato di *Ah, però!*, già presente nel dettato della lezione precedente, riveli una sorpresa che sconfina in qualche modo nell'ammirazione, laddove, nella quinta lezione manifestava invece unicamente sorpresa per il prezzo elevato della camicia.

7 Esercizio

Diamo a titolo di esempio soltanto il dialogo relativo al punto **a.**

■ *E dove siete stati a Roma?*
● *Ma, guarda, praticamente abbiamo girato tutta la città. E abbiamo visto i monumenti più famosi: San Pietro, il Colosseo, la Fontana di Trevi. Poi abbiamo visto anche il Papa.*

8 Esercizio

Vengono qui esercitati unicamente i pronomi indiretti *ti*, *vi* e *Le*, ossia esclusivamente quelli necessari per porre la domanda. L'intera declinazione dei pronomi indiretti sarà vista più avanti.

9 Dettato

Principali elementi morfosintattici: La doppia negazione.

Soluzione:
■ *Senti, ma è stato caro il viaggio? Hai pagato molto?*
● *No, no. Tutto completamente gratis.*
■ *Ah già, è vero. Ha pagato l'azienda.*
● *Certo, certo. Io non ho pagato niente.*
■ *Però, però. Insomma proprio la bella vita, eh?*
● *La bella vita, la dolce vita.*
■ *Quindi ottimi alberghi.*
● *Ottimi alberghi, ottimi ristoranti. Ho dormito in modo favoloso e ho mangiato in modo ancora più favoloso.*

A un orecchio non italiano, o comunque non familiarizzato con un'altra lingua neolatina, l'uso della doppia negazione (***non*** *ho pagato* ***niente***) potrà suonare singolare. Sarà necessario perciò spendere qualche parola per chiarire la regola.

L'espressione *Ah già!* è usata in italiano ogni volta che si prende atto di qualcosa di cui si era già a conoscenza ma che sul momento non si ricordava. L'aggettivo *favoloso* ha un significato superlativo (Chiara avrebbe potuto dire *ho dormito ottimamente*) che esclude, nella seconda proposizione del periodo, l'uso dell'avverbio *più*; non è infatti possibile usare un superlativo per una costruzione comparativa. Nella riproduzione del brano per il dettato non siamo tuttavia intervenuti sulla frase, essendoci sembrata, seppure non corretta, sincera e spontanea espressione dell'entusiasmo di Chiara.

Esercizio 10

Soluzione:
a. *non ho sentito niente*
b. *non ha fatto niente*
c. *non abbiamo preparato niente*
d. *non ha mangiato niente*
e. *non hanno capito niente*

Esercizio 11

Soluzione: *Quindi – Ah già, è vero! – Ah, però!*

Esercizio 12

Soluzione: **a.** *Ah, però!* **b.** *Ah già, è vero!* **c.** *quindi*

Lettura 13

Principali intenzioni comunicative: Ringraziare. Raccontare.
Principali elementi morfosintattici: Passato prossimo indicativo. Il passato prossimo dei verbi *cominciare* e *finire* negli usi transitivo e intransitivo.
Procedimento: Come spiegato al punto 22 della prima lezione, dando cinque minuti per la prima lettura.

Soluzione: **a.** *f* **b.** *f* **c.** *v* **d.** *v* **e.** *f* **f.** *v* **g.** *v* **h.** *f*

14 Esercizio

Scopo del presente esercizio è quello di richiamare l'attenzione degli studenti sull'uso degli ausiliari *essere* e *avere*, permettendo loro di scoprire, in anticipo sulla spiegazione grammaticale, l'uso transitivo e intransitivo dei verbi *cominciare* e *finire*, nonché il diverso uso degli ausiliari che l'italiano potrebbe avere rispetto ad altre lingue.

Soluzione:
Essere: è durato – è arrivato – sei andato – sono rimasta – sono stata – sono andata – siamo saliti – siamo arrivati – siamo scesi – è finita – è cominciato – è cambiato

Avere: hai scritto – ho ricevuto – ho cominciato – ho letto – ho cercato – ha risposto – ho deciso – hai fatto – ho fatto – ho continuato – ho studiato – ho passato – abbiamo preso – abbiamo camminato – abbiamo fatto – abbiamo finito – abbiamo dormito – hanno cominciato – abbiamo trovato – ho visto – ho raccontato

Quando gli studenti avranno completato le due liste, chiederete loro di cercare quei verbi che possono avere sia l'ausiliare *avere* che l'ausiliare *essere* (e cioè *cominciare e finire)*, quindi domanderete loro di dedurre la regola.

15 Esercizio

Soluzione:
a. *L'Aida è finita dopo mezzanotte.*
b. *Le vacanze sono finite.*
c. *Noi abbiamo finito di lavorare.*
d. *Il film è già cominciato.*
e. *Franca ha cominciato a studiare l'inglese.*
f. *Come sempre Giorgio ha cominciato a parlare di macchine.*

16 Esercizio

Soluzione: **a.** *Da sei mesi.* **b.** *Fra tre settimane.* **c.** *Quattro giorni fa.* **d.** *Un'ora fa.* **e.** *Da mezz'ora.* **f.** *Due giorni fa.*

A pagina 80 sono riprodotti il manifesto e la locandina della stagione operistica 1993 dell'Arena di Verona. Per notizie storiche sul monumento e sugli spettacoli che in esso si svolgono vedi la lettura a pagina 65 del libro degli esercizi.

E adesso tocca a voi! (17)

Per lo svolgimento di questa attività ricordate le avvertenze date al punto 6 della prima lezione.

Dialogo (18)

Situazione: Alfredo invita Chiara ad andare a vedere con lui l'*Aida* all'Arena.
Principali intenzioni comunicative: Invitare. Esitare. Esprimere disappunto. Accettare un invito. Rallegrarsi.
Principali elementi morfosintattici: Alcune persone del condizionale presente (*avrei, potrei*).
Procedimento: Come spiegato ai punti 2 e 4 della prima lezione.

L'avverbio *veramente* con cui inizia la sesta battuta esprime l'imbarazzo di chi è costretto a dire di no. (Vedi anche quanto detto al punto 12 della quinta lezione nelle indicazioni per la costruzione del dialogo). L'interiezione *Mannaggia!* (da *male n'aggia*, abbia male) è certamente più diffusa nel centro e nel sud d'Italia che non nel resto della penisola. La speaker, interpretando il ruolo di Chiara, ha manifestato il suo disappunto ricorrendo alla sua parlata regionale. La spontaneità dell'espressione – oltre alla sua non disprezzabile diffusione – ci hanno convinti a riportarla nel dialogo.

Le forme del condizionale che appaiono qui e nel dialogo seguente non richiedono la presentazione e la spiegazione dell'intero modo verbale. Il primo di essi (*avrei*) esprime qui soltanto la non irrinunciabilità dell'impegno; il secondo (*potrei*) è invece pleonastico in quanto l'uso del *forse* esprime già da solo la possibilità.

19 Esercizio

Diamo a titolo di esempio soltanto il dialogo relativo al punto **a.**

■ *Senti, ho due biglietti per andare a vedere la Carmen alla Scala.*
● *Quando?*
■ *Sabato sera.*
● *Ah, sabato?*
■ *Sì, non puoi?*
● *Veramente avrei un appuntamento. Mannaggia! Ma forse, forse potrei rimandarlo ...*

Le fotografie a pagina 81 raffigurano l'Arena vista dal Palazzo Municipale e Piazza dei Signori con il monumento a Dante (1865). Il poeta fu ospite dei signori di Verona durante il suo esilio da Firenze.

20 Dialogo

Situazione: Alfredo e Chiara fissano un appuntamento.
Principali intenzioni comunicative: Proporre. Precisare. Accogliere una precisazione.
Principali elementi morfosintattici: *Direi* usato per fare una proposta. Il diminutivo *-ino*. La preposizione *tra*.
Procedimento: Come spiegato ai punti 2 e 4 della prima lezione.

L'uso dei diminutivi *pochino* e *qualcosina,* pur se limitato alla lingua parlata, conosce una sempre maggiore diffusione. I diminutivi e gli accrescitivi saranno spiegati più compiutamente nella dodicesima lezione dove, al punto 12, sarà anche spiegato ed esercitato l'uso di *a questo punto.*
La preposizione *tra* è già apparsa al punto 2 della quinta lezione nella frase *detto tra noi.* Nel presente dialogo appare comunque in un significato analogo a quello già apparso al punto 24 della seconda lezione ed espresso da *fra* (*c'è una differenza fra i prezzi al banco e quelli al tavolo*). Le due preposizioni hanno infatti lo stesso uso e possono essere sostituite l'una all'altra per evitare ad esempio effetti cacofonici (tra fratelli e non fra fratelli).

Esercizio 21

Diamo a titolo di esempio soltanto il dialogo relativo al punto **a.**

■ *Bene, a questo punto io direi di vederci forse un pochino prima, così mangiamo qualcosina.*
● *Sì, io direi tra le quattro e le quattro e mezza. Va bene?*
■ *Benissimo. Dove?*
● *Mah. Al bar Jolly.*
■ *Il bar Jolly qual è? Aspetta.*
● *Quello in piazza Mazzini, dove c'è l'Alitalia.*

Esercizio 22

Soluzione: *Veramente – Mah – Mannaggia! – Vedi un po' – Direi*

Esercizio 23

Soluzione: **a.** *Veramente* **b.** *Mannaggia!* **c.** *vedi un po'* **d.** *Mah, – direi* **e.** *Mah*

Esercizio 24

Soluzione:

a. *Mario parla con Beatrice, Sergio parla con Serena, e Antonio parla con Stefania.*

b.

Per proporre qualcosa:	*Hai voglia di ....?*
	Che ne dici di ...?
	Andiamo a ....?
Per accettare l'invito:	*Volentieri.*
Per rifiutare un invito:	*Mi dispiace, ma ...*
	No, non mi va.
Per fare un'altra proposta:	*Perché (invece) non ...?*

E adesso tocca a voi! 25

Per lo svolgimento di questa attività ricordate le avvertenze date al punto 6 della prima lezione.

Per rendere più vivace l'attività si può fotocopiare la pagina degli spettacoli di un quotidiano, distribuendo poi le fotocopie agli studenti.

26 Test

Soluzione:

I.
ha – lasciato – segreteria
ha compiuto – venuti – parenti
andata/stata – vinto – andata – Ha – più – è – salita
non

II.
Senti, ti telefono perché ho due biglietti gratis per il concerto di Paolo Conte. Hai tempo domani sera?
Mah … domani veramente avrei il corso di francese. A che ora comincia il concerto?
Alle otto e mezza.
È un po' presto. Anche la lezione finisce alle otto e mezza.
Ma non puoi uscire mezz'ora prima?
Mezz'ora prima? … Ma sì, va bene. Dov'è il concerto?
Al Metropol. Se vuoi, possiamo incontrarci sotto la scuola e poi andiamo a piedi. È lì vicino.
Va bene. Allora a domani alle otto. Ciao.

In treno o in aereo?

Situazione: Anna e Rita vogliono fare un viaggio e chiedono informazioni in una agenzia.

Principali intenzioni comunicative: Chiedere e fornire informazioni. Consigliare. Obiettare. Esortare. Convincere qualcuno.

Elementi morfosintattici: L'aggettivo indefinito *qualche*. Le forme *ci vuole / ci vogliono*. Alcune locuzioni avverbiali di tempo (*di giorno, di mattina, di sera*). I verbi impersonali (*bastare, bisognare, occorrere*). Il *si* impersonale.

Elementi di civiltà: Viaggiare in Italia in treno e in autostrada.

Trascrizione del dialogo

■ *Buongiorno.*
● *Buongiorno.*
■ *Senta, io vorrei qualche informazione.*
● *Benissimo, dica pure.*
■ *Che possibilità ci sono per andare a Monaco di Baviera?*
● *Sì, come? In treno o in aereo?*
▲ *Che facciamo? Prendiamo l'aereo?*
■ *Mah. Quanto costa in aereo?*
● *Mah. In aereo ci sono diverse tariffe. Le più economiche sono tutte intorno al mezzo milione.*
■ *Mezzo milione?! No, guarda Rita per me è troppo. Prendiamo il treno.*
▲ *Ma no, Anna, dai! In treno ci vuole un sacco di tempo.*
■ *Ma scusa... Quanto tempo ci vuole in treno?*
● *Mah, in treno ci vogliono circa 12 ore.*
▲ *Così tanto?*
■ *Ma dai! Il tempo passa in fretta. Parliamo, leggiamo.*
▲ *Mm, va be'.*
■ *Quanto viene in treno?*
● *Dunque, in treno la prima classe andata e ritorno, il biglietto viene 277.350 lire, e la seconda classe invece viene 168.200 lire.*
■ *Prendiamo la seconda, no?*

▲ *Mm…*
■ *E che treni ci sono per Monaco?*
● *Beh, quando preferite partire?*
■ *Mah, per me è uguale.*
▲ *No, io preferisco partire di sera. C'è un treno la sera?*
● *Diretto?*
■ *Sì.*
● *Dunque, diretto c'è un treno – sì, sì – che parte da Roma alle 20.25 e arriva a Monaco la mattina dopo alle 8.31. Sì.*
▲ *Mm… allora può vedere se per domani sera c'è posto in vagone letto?*
● *Sì, allora vagone letto di seconda classe?*
■ *Sì.*
● *Allora un momento. No, mi dispiace, posti in vagone letto, no, non ci sono.*
■ *Guardiamo le cuccette.*
● *Guardiamo le cuccette, eh? … Allora, domani sera, alle 20.25. No, niente. Niente cuccette. Mi dispiace non ci sono cuccette. Però potete partire lo stesso, andare alla stazione. C'è gente che non parte all'ultimo momento e ci sono cuccette libere.*
▲ *No, no. A questo punto preferisco partire di giorno. Ci sono treni diretti di giorno?*
● *Sì, c'è un treno la mattina che parte alle 7.05 e arriva a Monaco alle 18.30. Questo, però è un Eurocity, quindi bisogna pagare il supplemento rapido.*
■ *Ma è troppo presto. E più tardi?*
● *Dunque, più tardi c'è un treno, non diretto però. C'è un treno che parte alle 8.10, e qui però dovete cambiare a Bologna. Lì c'è la coincidenza per Monaco dopo circa 20 minuti. Sì.*
■ *Che facciamo?*
▲ *No, Anna guarda. Abbiamo le valige, poi magari sul treno non troviamo posto, dobbiamo fare il viaggio in piedi.*
■ *Va be', per me è lo stesso.*
▲ *No, prendiamo quello delle 7.05.*
● *Le 7.05.*
■ *Sì, va bene.*
● *Va bene. Allora due posti. Sì, fumatori o non fumatori?*
■ *Ma è uguale.*
▲ *No, come è uguale? Non fumatori. Dai, io non fumo. Io non sopporto il fumo. Non fumatori per favore.*
● *Allora. Due posti in uno scompartimento non fumatori per domani con il treno delle 8.10. … Delle 7.05 pardon. Delle 7.05.*
▲ *7.05 sì. E per favore: accanto al finestrino se è possibile.*

- ● *Accanto al finestrino. Se è possibile. Vediamo un po'... No, non è possibile. Posti o in mezzo o vicino al corridoio.*
- ▲ *Va be', fa lo stesso.*
- ● *Va bene?*
- ▲ *Sì, va bene.*
- ● *D'accordo? Allora un momentino eh? Un momento. OK a posto. Bene, allora sono 358.000 lire. Sì, è il prezzo del biglietto più il supplemento.*
- ■ *Dei due biglietti.*
- ● *Sì, dei due biglietti.*
- ▲ *Senti Anna, pago io, e poi dividiamo.*
- ■ *Va bene. D'accordo.*
- ▲ *Allora, ecco a Lei.*
- ● *Benissimo. Allora ecco i biglietti. Grazie e buon viaggio.*
- ■ *Grazie, arrivederLa.*

Questionario (1)

Per lo svolgimento dell'attività di ascolto procedete come indicato al punto 1 della prima lezione.

Soluzione: **a.** *Monaco di Baviera* **b.** *277.350 lire – 168.200 lire* **c.** *20.25 – 8.31* **d.** *non ci sono cuccette* **e.** *7.05 – 8.10* **f.** *non bisogna pagare il supplemento* **g.** *per non fumatori* **h.** *358.000 lire*

Dialogo (2)

Situazione: Rita prende alcune informazioni.
Principali intenzioni comunicative: Chiedere e fornire informazioni. Invitare a parlare.
Principali elementi morfosintattici: L'aggettivo indefinito *qualche*.
Procedimento: Come spiegato ai punti 2 e 4 della prima lezione.

Come già accennato al punto 15 della quinta lezione, l'imperativo seguito da *pure* si usa per concedere un permesso. Il punto sarà ripreso e affrontato definitivamente nella lezione 13.
Fate notare agli studenti che *qualche* è sempre seguito da un sostantivo singolare.

③ Esercizio

Soluzione: **a.** *qualche depliant* **b.** *qualche libro* **c.** *qualche amico* **d.** *qualche posto interessante* **e.** *qualche fotografia* **f.** *qualche treno* **g.** *qualche italiano* **h.** *qualche giornale*

④ Esercizio

Diamo a titolo di esempio soltanto il dialogo relativo al punto **a.**

■ *Senta, io vorrei qualche informazione.*
● *Benissimo, dica pure.*
■ *Che possibilità ci sono per andare a Parigi?*
● *Come? In treno o in aereo?*
■ *Quanto costa in aereo?*
● *Mah. In aereo ci sono diverse tariffe. Le più economiche sono tutte intorno alle 700.000 lire.*
■ *700.000 lire? No, per me è troppo.*

⑤ Dialogo

Situazione: Anna e Rita discutono sull'opportunità di prendere il treno invece dell'aereo.
Principali intenzioni comunicative: Proporre. Obiettare. Esortare.
Principali elementi morfosintattici: Le forme *ci vuole / ci vogliono.*
Procedimento: Come spiegato ai punti 2 e 4 della prima lezione.

⑥ Esercizio

Diamo a titolo di esempio soltanto il dialogo relativo al punto **a.**

■ *Quanto tempo ci vuole da Bologna a Milano in treno?*
● *Ci vogliono circa 2 ore.*

E adesso tocca a voi! 7

Per lo svolgimento di questa attività si veda quanto detto al punto 6 della prima lezione.

Dialogo 3

Situazione: Rita chiede se c'è la possibilità di viaggiare durante la notte.
Principali intenzioni comunicative: Chiedere di fare qualcosa. Rammaricarsi. Consigliare.
Principali elementi morfosintattici: Le forme *c'è, ci sono*. La locuzione avverbiale *lo stesso*.
Procedimento: Come spiegato ai punti 2 e 4 della prima lezione.

Esercizio 9

Diamo a titolo di esempio soltanto il dialogo relativo al punto **a.**

■ *Può vedere se domani mattina ci sono 5 posti per fumatori?*
● *Sì, un momento … No, mi dispiace, non ci sono posti per fumatori. Guardiamo se ci sono posti per non fumatori?*
■ *Sì.*

Esercizio 10

Soluzione: **a.** *le metto lo stesso* **b.** *lo rivedo lo stesso* **c.** *la/lo studio lo stesso* **d.** *la compro lo stesso* **e.** *la bevo lo stesso* **f.** *lo mangio lo stesso*

Lettura 11

Per lo svolgimento di quest'attività si veda quanto detto al punto 15 della terza lezione. Darete tre minuti di tempo per la prima lettura ed ancora tre minuti per la seconda lettura e per lo svolgimento dell'esercizio.

Soluzione: **a.** *v* **b.** *f* **c.** *f* **d.** *f* **e.** *f* **f.** *v*

12 Dialogo

Situazione: Rita prende informazioni sui treni per Monaco.
Principali intenzioni comunicative: Chiedere e dare informazioni.
Principali elementi morfosintattici: Locuzioni avverbiali di tempo (*di giorno, di mattina, di sera*). Il verbo impersonale *bisognare*.
Procedimento: come spiegato ai punti 2 e 4 della prima lezione oppure nel modo indicato in appendice a pagina 177.

13 Esercizio

Diamo a titolo di esempio soltanto il dialogo relativo al primo riquadro.

■ *Per Caserta ci sono treni diretti di sera?*
● *Sì, c'è un treno la sera che parte alle 20.20 e arriva a Caserta alle 23.33.*
■ *È troppo presto. E più tardi?*
● *Dunque, più tardi c'è un treno che parte alle 21.50 e arriva alle 23.40, però è un IC e ha solo la prima classe.*

14 Esercizio

Le possibilità di completamento della frasi sono numerose.
Vi consigliamo di completare la prima frase insieme alla classe scrivendo, se lo ritenete necessario, i diversi esiti alla lavagna. Farete completare le restanti frasi individualmente o in coppie e alla fine controllerete i risultati in plenum.

15 Dettato

Soluzione:

● *Fumatori o non fumatori?*
■ *Mah, è uguale.*
▲ *No, come è uguale?! Non fumatori. Dai, io non fumo. Io non sopporto il fumo. Non fumatori, per favore.*
● *Allora, due posti in uno scompartimento non fumatori per domani con il treno delle 8.10.*
▲ *Come delle 8.10?! Delle 7.05.*
● *Delle 7.05 pardon.*
▲ *Sì e per favore, accanto al finestrino, se è possibile.*
● *Vediamo un po'... No, non è possibile. Posti o in mezzo o vicino al corridoio.*

▲ *Va bene, fa lo stesso.*
● *Benissimo. Allora ecco i biglietti. Grazie e buon viaggio.*
■ *Grazie. ArrivederLa.*

Esercizio (16)

Diamo a titolo di esempio soltanto il dialogo relativo al punto **a**.

● *Prendiamo una pizza o un hamburger?*
■ *È uguale.*
▲ *Come è uguale?! Un hamburger! (Una pizza!). Dai!*

Esercizio (17)

Questo tipo di esercizio di produzione guidata è stato preparato perché lo studente possa usare le espressioni fin qui incontrate nel corso della lezione e perché possa prepararsi ad una eventuale produzione libera. È ovvio che l'esercizio lascia allo studente un relativo margine di libertà e conseguentemente anche di errore. Ma è un rischio che vale sempre la pena di correre.

Esercizio (18)

Gli annunci presentati sono stati registrati alla stazione di Firenze *Santa Maria Novella* e riprodotti in studio.

Prima di procedere all'ascolto leggerete il testo spiegando le parole non ancora conosciute dagli studenti. Farete quindi ascoltare la serie di annunci almeno tre volte e passerete poi al consueto confronto. Continuerete alternando ogni nuovo ascolto a un nuovo confronto, fin quando non vi sembrerà che la classe abbia svolto l'esercizio.

Soluzione:
Il diretto 3085 viene da Lucca.
Il diretto 3085 arriva al binario 7.
L'Eurocity Raffaello parte dal binario 11.
L'Eurocity Raffaello ferma a Como.
L'Intercity Ambrosiano 528 ha 20 minuti di ritardo.
L'intercity 547 Marco Polo ha solo la prima classe.
L'intercity 547 Marco Polo arriva a un binario diverso da quello previsto.
L'Intercity 30542 va a Venezia.
Il regionale 11990 ha solo la seconda classe.

19 Lettura

Principali elementi morfosintattici: Il *si* impersonale. Il verbo *bastare*.

Prima di far leggere il testo secondo la tecnica illustrata al punto 22 della prima lezione, chiederete agli studenti se conoscono la Viacard. Potrete introdurre così parole come *tessera magnetica, autostrada, pedaggio* e *casello,* importanti per la comprensione del testo.
Alla fine della lettura potete chiedere a quegli studenti che hanno viaggiato in autostrada in Italia se hanno notato delle differenze fra viaggiare in Italia e viaggiare in autostrada nel loro paese.
Per l'uso del *si* impersonale si veda quanto detto al punto 2 della quinta lezione.

Soluzione: **a.** *f* **b.** *v* **c.** *v* **d.** *v* **e.** *v* **f.** *f*

20 Esercizio

Soluzione: *si vuole – si prende – si usano – si va – si trovano – si paga – si prende – si aspetta – si devono – si possono – si abita – si fa – si aspetta – si arriva*

21 Esercizio

Soluzione:
a. *Per avere la colazione in camera, basta telefonare alla reception.*
b. *Per cominciare a parlare una lingua, bastano anche due o tre settimane di corso.*
c. *Trovare una cuccetta non è un problema, basta prenotare in tempo.*
d. *Per non trovare traffico, basta partire presto.*
e. *Preparare un buon pranzo è facile, basta cucinare con amore.*
f. *Per sapere l'ora esatta, basta telefonare al 161.*
g. *Per conoscere le condizioni del traffico sulle strade, basta ascoltare «Onda verde» alla radio.*
h. *Per essere alla moda, bastano anche pochi soldi.*

E adesso tocca a voi! 22

Vi consigliamo di svolgere questa attività in plenum giocando il ruolo della controparte, visto che gli studenti (a meno che non ne abbiate di differenti nazionalità) non potranno che ripetersi l'un l'altro (con l'eccezione forse della domanda al punto **d.**) le stesse esperienze.

Test 23

Soluzione:

I.
andare – agenzia – delle/alcune – prendere – vuole/preferisce – in – ci vogliono – c'è – la/di – libere – La/Di – parte – secondo – prendere – perché – presto – bisogna – coincidenza – prendono – vogliono/chiedono – scompartimento – bisogna – supplemento

II.
a. *tardi* **b.** *in basso* **c.** *ritorno* **d.** *arrivo* **e.** *uscita*

LEZIONE 8

Ti fermi a pranzo?

Situazione: Roberto va a trovare Giovanna che sta passando le vacanze in campagna.

Principali intenzioni comunicative: Proporre qualcosa. Rallegrarsi. Invitare. Rammaricarsi. Informarsi. Raccontare. Dare una notizia. Fare gli auguri.

Elementi morfosintattici: Gli aggettivi possessivi. Alcuni pronomi personali tonici e atoni. I verbi riflessivi. *Stare* + gerundio. Gli indefiniti *ogni, ognuno, tutti*.

Elementi di civiltà: Le attività degli italiani.

Trascrizione del dialogo

■ *Pronto.*
● *Giovanna?*
■ *Chi parla?*
● *Sono Roberto.*
■ *Ah ciao! Dove sei?*
● *Eh senti, qui vicino, a pochi chilometri da casa vostra. Posso fare un salto da voi?*
■ *E certo, vieni, t'aspetto.*
● *Bene, allora fra un quarto d'ora arrivo. Ciao.*
■ *D'accordo. Ciao.*

■ *Ciao Roberto!*
● *Giovanna!*
■ *Ciao! Puntuale come sempre.*
● *Eh sì, puntualissimo come al solito.*
■ *Bravo, prendi un caffè?*
● *Sì, grazie volentieri.*
■ *E vieni, vieni dai! Vieni.*
● *Bello qui. Carino.*
■ *Ti piace?*

● *Sì, sì.*
■ *Bello eh? Senti, ti fermi a pranzo, sì?*
● *Sì, però subito dopo devo andar via eh?*
■ *No!*
● *Sì, devo essere in città.*
■ *Come mai?*
● *Eh, magari un'altra volta.*
■ *E va be', pazienza. Bello, eh? Ti piace?*
● *Sì, veramente molto molto bello. Senti, ma sei sola? Non c'è nessuno?*
■ *No, no, ci sono tutti.*
● *E tuo marito dov'è?*
■ *È giù in garage, da due ore.*
● *Da due ore in garage?!*
■ *Sì, sta riparando la bicicletta.*
● *Oh mamma mia! E tuo figlio?*
■ *E mio figlio adesso sta dormendo. Oggi non si sente bene.*
● *Ah, ho capito. Comunque è veramente bellino qui …*
■ *Ti piace?*
● *…in mezzo alla campagna, calmo, tranquillo.*
■ *Piace anche a me.*
● *Certo. Però … non vi annoiate?*
■ *No, assolutamente. Anzi, ci riposiamo. Ci troviamo benissimo qui.*
● *Ho capito, ma cosa fate? Come passate la giornata?*
■ *Mah, guarda, io personalmente per esempio mi alzo tardi la mattina e me la prendo comoda.*
● *E tuo marito?*
■ *No, lui si sveglia già alle sei.*
● *E fa jogging.*
■ *E fa jogging.*
● *Come sempre.*
■ *Come al solito, corre. E sì, niente, la mattina passa così.*
● *E la mattina intanto passa così. E poi il pomeriggio cosa fate?*
■ *Il pomeriggio mi metto in giardino. Leggo. Adesso sto leggendo «Il nome della rosa».*
● *Ah bello!*
■ *Bellissimo. Avvincente, guarda, quando prendi il libro in mano non lo lasci più.*
● *Senti, ma sai già chi è l'assassino?*
■ *No. Tu lo sai?*
● *Sì.*
■ *Non me lo dire!*

- ● *Non ti dico niente!*
- ■ *Non mi dire niente! E così passa il pomeriggio.*
- ● *Passa il pomeriggio e poi arriva la sera.*
- ■ *Arriva la sera.*
- ● *Bello. La sera qualche volta guardiamo la televisione, andiamo al ristorante. Ma soprattutto ci godiamo questa tranquillità assoluta, guarda. Dopo un anno di rumori e di attività un po' di riposo ci vuole. Specialmente adesso poi …*
- ■ *Perché adesso …*
- ● *Ah già, forse tu ancora non lo sai. Aspetto un bambino.*
- ■ *Ah! Auguri allora!*
- ● *Grazie!*

1 Questionario

Per lo svolgimento dell'attività di ascolto procedete come indicato al punto 1 della prima lezione.

Soluzione:
a. *Roberto è puntuale.*
b. *Roberto resta a pranzo.*
c. *Il marito di Giovanna è in garage e ripara la bicicletta.*
d. *Giovanna dorme fino a tardi e legge «Il nome della rosa», suo marito fa jogging.*
e. *La sera Giovanna e il marito vanno al ristorante e guardano la televisione.*
f. *Giovanna ha bisogno di riposo perché aspetta un bambino.*

2 Dialogo

Situazione: Roberto, in viaggio per lavoro, telefona a Giovanna.
Principali intenzioni comunicative: Chiedere un permesso. Accogliere una richiesta.
Principali elementi morfosintattici: Gli aggettivi possessivi *tuo* e *vostro*. La preposizione *da* in un complemento di moto verso una persona. Alcuni pronomi personali tonici e atoni.
Procedimento: Come spiegato ai punti 2 e 4 della prima lezione oppure nel modo indicato in appendice a pagina 178.

Esercizio

3

Diamo a titolo di esempio soltanto il dialogo relativo al punto **a.**

- ■ *Dove sei?*
- ● *In una cabina telefonica in piazza Zama. Posso fare un salto da te?*
- ■ *Certo, vieni, ti aspetto.*
- ● *Bene, allora fra 10 minuti arrivo.*

Dialogo

4

Situazione: Giovanna invita Roberto a pranzo.
Principali intenzioni comunicative: Invitare. Rammaricarsi. Giustificarsi.
Principali elementi morfosintattici: Forma riflessiva del verbo. L'avverbio *magari*.
Procedimento: Come spiegato ai punti 2 e 4 della prima lezione.

La forma riflessiva sarà presentata dopo il dialogo 10; qui verranno esercitate soltanto le forme presenti nello specchietto grammaticale, rimandando la spiegazione dell'intera coniugazione dopo il dialogo al punto 10. Compare qui di nuovo l'avverbio *magari* incontrato già nella prima lezione. Attenzione però perché qui il significato è diverso. Nel dialogo 5 della prima lezione *magari* aveva il significato di *sarebbe bello, mi piacerebbe*; qui significa invece *forse, se sarà possibile*.
L'elisione della *e* del verbo *andare* alla seconda battuta (*devo andar via*) è semplicemente una scelta del parlante; non corrisponde a nessuna regola.

Esercizio

5

Diamo qui un solo esempio, scegliendo a caso fra le possibilità offerte.

- ■ *Ti fermi a bere qualcosa?*
- ● *Sì, però subito dopo devo andar via.*
- ■ *No!*
- ● *Sì, ho un impegno. Mi dispiace, magari domani sera.*

6 Dialogo

Situazione: Roberto, trovando Giovanna da sola, le domanda dove sono il marito e il figlio.
Principali intenzioni comunicative: Chiedere e dare informazioni su altre persone.
Principali elementi morfosintattici: I pronomi indefiniti *nessuno* e *tutti*. *Stare* + gerundio.
Procedimento: Come spiegato ai punti 2 e 4 della prima lezione.

Appare qui la forma perifrastica *stare* + gerundio. Il contesto che la permette è chiarissimo: mentre Roberto e Giovanna parlano, in quello stesso momento il marito **sta riparando** la bicicletta. L'azione è contemporanea e in pieno svolgimento.
Il gerundio che costituisce il secondo elemento della forma perifrastica appare qui nelle tre coniugazioni del verbo. Spiegate ai vostri studenti, se lo ritenete necessario, che il verbo *fare* appartiene alla seconda coniugazione, essendo l'infinito *fare* la forma sincopata di *facere* dalla quale derivano invece la prima persona singolare e la prima plurale del presente indicativo (*faccio, facciamo*).

7 Esercizio

Diamo a titolo di esempio soltanto il dialogo relativo al punto **a**.
■ *Senti, ma non c'è nessuno?*
● *No, ci sono tutti.*
■ *E Franca dov'è?*
● *È in cucina da tre ore.*
■ *E che sta facendo?*
● *Sta preparando il pranzo.*

8 Lettura

Compare in questa lettura (e per la terza volta nel libro) la congiunzione *infatti*. Finora la congiunzione è apparsa in un significato che non è esattamente quello espresso in questa cartolina. Nella lettera al punto 13 della sesta lezione si legge … *ti devo ancora ringraziare per la bella cartolina che mi hai scritto da Parigi e non solo per questo. Tre giorni fa* ***infatti*** *ho ricevuto il tuo*

pacco con le fotografie ...; nel testo di civiltà al punto 19 della settima lezione è scritto *Qui si fa ancora più in fretta, bastano* ***infatti*** *pochi secondi ...*; in questa stessa lezione più avanti al punto 13 si trova *Ma gli italiani non pensano solo a dormire: il lavoro* ***infatti*** *li occupa per buona parte della giornata ....*
In tutti e tre gli esempi riportati *infatti* è usato per introdurre una affermazione che conferma quanto detto precedentemente; nella cartolina invece *infatti* introduce una conseguenza, al punto che potrebbe essere sostituito senza nessuna forzatura da un'espressione quale *proprio per questa ragione*, sostituzione che non sarebbe invece possibile negli altri tre esempi.

Una volta che avrete proceduto come indicato al punto 22 della prima lezione dando due minuti per la prima lettura, chiederete ai vostri studenti di rintracciare nel testo le due espressioni che hanno il significato di *molto*.

Esercizio 9

Per lo svolgimento di questo esercizio si vedano le avvertenze date al punto 23 della prima lezione.

Dialogo 10

Situazione: Roberto si informa di come Giovanna e il marito trascorrono le loro giornate in campagna.
Principali intenzioni comunicative: Chiedere e dare informazioni sulle abitudini proprie e di altre persone. Rispondere correggendo una supposizione dell'altro.
Principali elementi morfosintattici: Forma riflessiva del verbo.
Procedimento: Come spiegato ai punti 2 e 4 della prima lezione.

La congiunzione *anzi* ha diverse funzioni. Qui, usata per contraddire quello che Roberto suppone, ha il significato di *al contrario*. Seguita o preceduta da *no* serve invece per correggere una affermazione sbagliata (Es.: «*In quanti siete stasera?*» «*Sette. Anzi no, otto. Viene anche Sergio.*»). Può significare anche *a proposito*, come si vedrà al punto 4 della tredicesima lezione.

(11) Esercizio

Soluzione:

a. *... anzi ci riposiamo.*
b. *... anzi mi alzo molto presto.*
c. *... anzi mi trovo benissimo.*
d. *... anzi si sente in forma.*
e. *... anzi si sente benissimo.*
f. *... anzi mi riposo.*
g. *... anzi si svegliano prestissimo.*

(12) Esercizio

Diamo qui un solo esempio a caso.
▲ *Enrico come passa la sera?*
■ *Mah, la sera legge il giornale e poi guarda la televisione.*

(13) Lettura

L'esercizio è essenziale per motivare gli studenti alla lettura successiva. Se volete poi trasformare la motivazione in «provocazione» (in questo caso didatticamente ancora più utile), potete completare voi la tabella non con i tempi degli italiani, ma con quelli del popolo a cui i vostri studenti appartengono, esagerando naturalmente le attitudini negative (farete il tutto in modo bonario s'intende). Potrete anche scommettere con la vostra classe dicendovi sicuri che la lettura presenterà gli italiani come un popolo lavoratore ed attivissimo. Perderete la scommessa, ma l'obiettivo di una lettura attenta di un testo relativamente impegnativo sarà raggiunto.

Potete trasformare l'attività in un gioco riproducendo su lucido la tabella riportata alla pagina seguente. Direte ai vostri studenti di scrivere sul loro quaderno accanto a ogni voce (sonno, informazione etc.) uno dei simboli del *totocalcio*. Chiamerete questa attività *Totolettura*, stabilendo anche, se volete, una quota di partecipazione e un premio per chi fa 6.

N.B.: La mancanza di un disegno che rappresenti il lavoro non è dovuta a una dimenticanza, bensì al fatto che nella lettura si parla sì di lavoro ma senza indicarne la durata media.

Totolettura

Attività	Tempi	Simbolo
Sonno	fino a 6 ore fino a 8 ore fino a 10 ore	1 X 2
Cultura	fino a 1 ora fino a 2 ore fino a 3 ore	1 X 2
Tavola	fino a 1 ora fino a 2 ore fino a 3 ore	1 X 2
Igiene	fino a 1 ora fino a 2 ore fino a 3 ore	1 X 2
Divertimenti	fino a 1 ora fino a 2 ore fino a 3 ore	1 X 2
Informazione, giornali, radio,TV	fino a 1 ora fino a 2 ore fino a 3 ore	1 X 2

Procederete come spiegato al punto 22 della prima lezione dando cinque minuti per la prima lettura.

Assegnate poi agli studenti il compito di cercare nel testo il corrispondente di

- molto attivo (*iperattivo*)
- persona che ama dormire molto (*dormiglione*)
- dormire per poco tempo (*schiacciare un pisolino*)
- quasi un'ora (*un'oretta*)
- fare i lavori di casa (*svolgere i lavori domestici*)
- il telefono che si mette in tasca (*cellulare*)
- divertimento (*svago*)

In questo modo gli studenti saranno motivati a rileggere il testo e, nello stesso tempo, riusciranno a capire molto di più rispetto alla prima volta.

14 E adesso tocca a voi!

Ecco altre attività che potete aggiungere, scrivendole alla lavagna, a quelle già presenti nel libro:
- rinunciare a una sigaretta dopo aver mangiato
- rinunciare a un pisolino dopo pranzo
- pranzare o cenare senza un bicchiere di vino/di birra
- dover dire una bugia
- dover chiedere un favore
- ringraziare
- andare a letto tardi
- giustificarvi

Qualora gli studenti si conoscano bene fra loro e in classe ci sia una buona atmosfera, potete trasformare l'attività in gioco dividendo la classe in due squadre. Ogni studente dovrà scrivere su un foglietto qual è la cosa che gli costa di più. L'insegnante raccoglierà poi i foglietti di ogni squadra e li consegnerà alla squadra avversaria. In cinque minuti (ma potranno essere anche di più; deciderete voi) gli studenti di ogni gruppo dovranno consultarsi e abbinare i foglietti ricevuti ai nome degli avversari. Vincerà ovviamente la squadra che avrà più abbinamenti esatti.

È chiaro che condizione essenziale del gioco è la più assoluta sincerità. Per evitare che qualche studente tenda a «barare», potete scrivere su ogni foglietto un numero e scrivere quindi su un foglio a parte il nome dello studente a cui quel numero corrisponde. Giocherete anche voi in questo caso assumendo il ruolo del presentatore televisivo di quiz che alla fine decreta la vittoria di una o dell'altra squadra.

Dettato (15)

Soluzione:

● *Cosa fate la sera?*

■ *Mah, la sera guardiamo la televisione, qualche volta andiamo al ristorante. Ma soprattutto ci godiamo questa tranquillità assoluta. Guarda, dopo un anno di attività un po' di riposo ci vuole. Specialmente adesso poi...*

● *Perché adesso...?*

■ *Ah già, forse tu ancora non lo sai. Aspetto un bambino.*

● *Ah! Auguri allora!*

■ *Grazie.*

La forma *ci vuole* già incontrata al punto 5 della settima lezione nel significato di *è necessario*, ha qui una sfumatura enfatica. *Ci vuole* significa qui *è la cosa più giusta*.

Esercizio (16)

È ovvio che qui le risposte differiranno. Qualcuno dirà infatti che dopo una buona cena ci vuole un buon caffè, altri invece una sigaretta o una grappa, altri diranno forse che ci vogliono tutte e tre le cose.

Esercizio (17)

Soluzione: *A una coppia di sposi il terzo; a un ragazzo che ha appena finito l'università il quarto; a un'amica che ha avuto un bambino il secondo; a un amico che compie gli anni il primo.*

18 Lettura

Principali elementi morfosintattici: Gli indefiniti *tutti, ogni, ognuno.*

Prima di dar inizio alla lettura domandate agli studenti chi sono le persone raffigurate nelle fotografie, dove sono e cosa fanno. Procedete poi secondo quanto detto al punto 22 della prima lezione dando quattro minuti per la prima lettura.

Soluzione: **a.** *adulto* **b.** *bimbo* **c.** *si divertono come matti* **d.** *perché hanno troppo da fare*

Attività supplementare: Chiedete ai vostri studenti se sono mai stati in un club di vacanze. A quelli che ci sono stati chiedete che cosa gli è piaciuto e cosa non gli è piaciuto; quindi scrivete i vantaggi e gli svantaggi alla lavagna. Agli studenti che invece non sono mai stati in un club chiedete se gli piacerebbe andarci oppure no. In entrambi i casi chiedete di motivare i sì e i no, scrivendo i supposti vantaggi e svantaggi alla lavagna.
Un passo successivo può essere quello di dividere la classe in coppie assegnando a ognuno dei due studenti un ruolo: il primo dovrà cercare di convincere il secondo a passare due settimane di vacanza in un club, il secondo dovrà rifiutare motivando però il suo rifiuto con gli svantaggi che vede in un simile tipo di vacanza.

19 Esercizio

Soluzione:
a. … *ognuno può riposarsi.*
b. … *ognuno è libero di fare quello che vuole.*
c. … *ognuno ha la possibilità di fare dello sport.*
d. … *ognuno si diverte.*
e. … *ognuno fa amicizia.*

20 Esercizio

Soluzione:
a. … *ogni bambino gioca allegramente.*
b. … *ogni animatore organizza il tempo libero.*

c. *... ogni mamma si riposa.*
d. *... ogni piccolo si diverte.*
e. *... ogni ragazzo è indipendente.*

Esercizio 21

Soluzione: **a.** *Ognuno – il suo* **b.** *Ogni – i suoi* **c.** *Ognuno – le sue* **d.** *Ogni – la sua* **e.** *Ognuno – i suoi* **f.** *Ogni – i suoi*

Test 22

Soluzione:

I.
a. *un salto* **b.** *Magari* **c.** *Fra* **d.** *anzi* **e.** *Auguri*

II.
a. *sta cucinando/preparando* **b.** *stanno prendendo* **c.** *sta leggendo* **d.** *sta bevendo* **e.** *stanno giocando* **f.** *stanno guardando*

III.
a. *Ti addormenti* **b.** *Vi svegliate – Vi alzate* **c.** *si trova* **d.** *Si sente – si – riposando*

LEZIONE 9

Che cosa ci consiglia?

Situazione: Due amici vanno a mangiare in una trattoria.

Principali intenzioni comunicative: Chiedere e fornire spiegazioni. Consigliare e farsi consigliare. Meravigliarsi. Compiacersi.

Elementi morfosintattici: Il pronome partitivo *ne*. Il pronome *ci* con i verbi *provare* e *riuscire*. Aggettivi possessivi. Il superlativo assoluto.

Elementi di civiltà: Mangiare in Italia.

Prima di far ascoltare il brano converrà fare una raccolta di idee su come è strutturato un menù in un ristorante italiano, chiedendo agli studenti di nominare i piatti che conoscono.

Trascrizione del dialogo

■ *Buonasera, signori.*
● *Buonasera.*
▲ *Buonasera. Senta, ho un tavolo prenotato per due persone.*
■ *A che nome scusi?*
▲ *Carboni.*
■ *Ah, sì, sì. Ecco, questo è il tavolo.*
▲ *Benissimo. Va bene qui?*
● *Sì, sì, perfetto.*
▲ *OK.*
■ *Allora si accomodino.*
▲ *Grazie.*
● *Grazie.*
▲ *Dunque, vediamo un po'. Che cosa ci consiglia di primo?*
■ *Mah, abbiamo maccheroni alla siciliana, penne all'arrabbiata, risotto ai funghi …*
● *Senta, gli gnocchi li fate?*
■ *No, gli gnocchi li facciamo soltanto il giovedì, signora. Oggi ci sono le orecchiette alla pugliese. Sono molto buone, eh? Sono veramente la nostra specialità.*
● *Ah sì? Sono la vostra specialità?*

■ *Sì, sì, sì. Buonissime.*
▲ *Sì, sì, guarda, anch'io le ho prese. Sono veramente molto buone.*
● *Ah sì?*
▲ *Sì.*
● *Va bene. Allora per me orecchiette alla pugliese, però mezza porzione, eh?*
■ *Allora per la signora mezza di orecchiette. E per Lei, signore?*
▲ *Sì, io prendo … Anch'io prendo una vostra specialità: il risotto ai funghi.*
■ *Benissimo, risotto ai funghi allora. E di secondo?*
● *Carne o pesce. Che dici?*
▲ *Ma io preferisco il pesce. Quindi pesce … Che pesce avete?*
■ *Mah, fresco o surgelato. Non so. Di fresco abbiamo per esempio la trota, il pesce spada, la sogliola …*
▲ *La sogliola benissimo. Allora una sogliola. La sogliola come la fate?*
■ *Panata o ai ferri. La preferisce panata o ai ferri?*
▲ *Facciamo ai ferri.*
■ *Benissimo.*
▲ *Sogliola ai ferri. Bene.*
■ *Una sogliola ai ferri. E la signora prende pesce?*
● *No, no. Io vorrei della carne. Che c'è?*
▲ *Mah, abbiamo scaloppine al marsala oppure al limone, fegato alla veneta, pollo alla diavola, pollo al mattone.*
● *Pollo al mattone, che cos'è questo pollo al mattone?*
■ *Ah, è buonissimo signora. È un pollo cotto al forno, però in una ciotola di terracotta. Prende un sapore molto speciale, particolarissimo.*
● *Sì, sì. Va bene. Proviamo. Sì, prendo questo pollo al mattone.*
■ *Allora, pollo al mattone, e di contorno?*
▲ *Senta, quella insalatina di rucola la fate sempre?*
■ *Sì, sì, sì, la facciamo.*
▲ *Benissimo. Allora per me insalata di rucola.*
■ *E Lei signora?*
● *Ma non lo so, io non vorrei l'insalata. Che cosa c'è di contorno?*
■ *Mah, fagiolini, patate al forno, spinaci al burro o al limone, peperonata …*
● *Sì, sì, peperonata, perfetto. Va bene.*
■ *Va benissimo. E da bere?*
▲ *E da bere? Be' prendiamo del vino, no? Bianco o rosso?*
● *Sì, sì, bianco.*
▲ *Bianco, bianco.*
■ *Ah beh, c'è il Trebbiano allora. Come bianco: Trebbiano, Vernaccia, Orvieto, Pinot grigio, Frascati, Soave, Verdicchio.*
▲ *Lei ha detto il Trebbiano. Il Trebbiano è buono, sì?*

■ *Buonissimo, guardi.*
▲ *Benissimo, allora prendiamo il Trebbiano.*
● *Sì e anche mezza minerale gasata per favore.*
■ *Allora: Trebbiano e mezza minerale, d'accordo.*
▲ *Benissimo.*
▲ *Oh, mentre aspettiamo sai cosa faccio? Io mi fumo una bella sigaretta. Ecco, però naturalmente come sempre non trovo l'accendino. E allora ... Hai da accendere?*
● *No, caro, io ormai ho smesso.*
▲ *Hai smesso? Davvero?*
● *Beh, diciamo che ci sto ancora provando, va'.*
▲ *Ah, ecco. E perché da quando non fumi più?*
● *Ho provato ... cioè da due mesi.*
▲ *E beh, ma allora, allora hai smesso veramente.*
● *No, no, no, no, no.*
▲ *E beh, da due mesi. Beata te, guarda. Beata te.*
● *No, non è così facile. Ci vuole una forza di volontà incredibile.*
▲ *È vero guarda. Io ci ho provato tante volte, ma veramente non ci sono mai riuscito. Mah. Bene.*

1 Questionario

Per lo svolgimento dell'attività di ascolto procedete come indicato al punto 1 della prima lezione.

Una eventuale spiegazione dei vari piatti sarà rinviata alla fine dell'attività di ascolto. Farla prima significa infatti anticipare la soluzione del punto **d.** del questionario.

Soluzione:

a. *Dei primi piatti il cameriere nomina: i maccheroni alla siciliana, le penne all'arrabbiata, il risotto ai funghi, gli gnocchi, le orecchiette alla pugliese. Dei secondi nomina: la trota, il pesce spada, la sogliola, le scaloppine al marsala, le scaloppine al limone, il fegato alla veneta, il pollo al mattone. Dei contorni nomina: i fagiolini, le patate al forno, gli spinaci, la peperonata.*

b. *Lui prende il risotto ai funghi, una sogliola ai ferri e un'insalata di rucola. Lei prende mezza porzione di orecchiette alla pugliese, una porzione di pollo al mattone e una peperonata.*

c. *Da bere prendono una bottiglia di vino bianco (Trebbiano) e una bottiglia di acqua minerale gasata da mezzo litro.*

d. *Il pollo al mattone è un pollo cotto al forno in una ciotola di terracotta.*
e. *Perché ha smesso di fumare.*

Dialogo 2

Situazione: Una coppia entra nel ristorante dove ha riservato un tavolo.
Principali intenzioni comunicative: Informare. Indicare. Proporre. Accettare.
Principali elementi morfosintattici: Imperativo formale plurale.
Procedimento: Come spiegato ai punti 2 e 4 della prima lezione oppure nel modo indicato in appendice a pagina 179.

La forma di cortesia *Loro,* plurale di *Lei,* ricorre in italiano soltanto in situazioni molto formali. In questo dialogo compare nell'imperativo *si accomodino.* Non sarà il caso di impegnarsi a questo punto in un'intera spiegazione grammaticale, dal momento del resto che l'imperativo non è stato ancora affrontato completamente (pur essendo ovviamente comparso a più riprese nei dialoghi visti finora). Qualora la vostra classe vi chiedesse dei chiarimenti circa l'uso e la formazione dell'imperativo di terza persona plurale, potrete spiegare che la sua costruzione è semplicissima, essendo sufficiente l'aggiunta della sillaba *no* alle forme dell'imperativo formale di terza persona. Così: *senta → sentano, dica → dicano, tenga → tengano, scusi → scusino.*

Dialogo 4

Situazione: I due clienti si rivolgono al cameriere.
Principali intenzioni comunicative: Consigliare e farsi consigliare. Ordinare.
Principali elementi morfosintattici: Uso del nome e del pronome oggetto diretto che al nome si riferisce. Il pronome partitivo *ne.* Il superlativo assoluto.
Procedimento: Come spiegato ai punti 2 e 4 della prima lezione oppure nel modo indicato in appendice a pagina 180.

La frase *Gli gnocchi li facciamo il giovedì,* dove al nome segue il pronome che al nome si riferisce, può forse suonare singolare a un orecchio non italiano. Essa obbedisce tuttavia alla regola secondo la quale quando nella frase il complemento oggetto precede (per motivi solitamente di enfasi) il verbo, è necessaria alla frase anche la presenza del pronome. Un enunciato del tipo: *Gli gnocchi facciamo il giovedì* è infatti sintatticamente sbagliato.

La spiegazione del partitivo *ne* non dovrebbe presentare difficoltà. Potete comunque chiarirne l'uso con il seguente esempio. Scrivete alla lavagna la frase *Per me orecchiette alla pugliese, però le vorrei senza parmigiano,* dove il pronome le si riferisce alla «totalità» delle orecchiette. Contropposta a tale frase, quella del dialogo mostra chiaramente la funzione partitiva del pronome *ne*.

5 Esercizio

Affinché il funzionamento dell'attività sia chiaro ecco un esempio. La conversazione si svolge martedì.
▲ *Che cosa ci consiglia di primo?*
■ *Mah, abbiamo spaghetti al ragù, pasta e fagioli, rigatoni al sugo ...*
● *Senta, le orecchiette le fate?*
■ *No, le orecchiette le facciamo solo il lunedì.*

Nello specchietto grammaticale abbiamo aggiunto alla frase *Però ne vorrei mezza porzione* l'altra frase *Ma ne vorrei una bella porzione, se è possibile* non proveniente dal dialogo. Questo perché una richiesta dell'ultimo tipo non può essere espressa come la prima. *Ma ne vorrei una bella porzione* è infatti una frase che, se non accompagnata da un *per favore* o, appunto, da un *se è possibile,* dovrebbe essere accompagnata almeno da un sorriso, per non suonare altrimenti sgradevole.

6 Esercizio

Diamo a titolo di esempio soltanto il dialogo relativo al secondo punto:
■ *Oggi c'è la pasta e fagioli. È molto buona. È la nostra specialità.*
● *Ah sì? È la vostra specialità.*
■ *Sì, sì. È buonissima.*
● *Va bene allora per me pasta e fagioli, ma ne vorrei un piatto abbondante, se è possibile.*

Dialogo 7

Situazione: I due clienti si rivolgono al cameriere.
Principali intenzioni comunicative: Chiedere e fornire informazioni.
Principali elementi morfosintattici: Uso simultaneo del nome e del pronome oggetto diretto che al nome si riferisce. L' articolo partitivo.
Procedimento: Come spiegato ai punti 2 e 4 della prima lezione.

Sia l'uomo che la donna rivolgendo le loro domande al cameriere usano la seconda persona plurale (*Che pesce avete? La sogliola come la fate?*). La domanda non è rivolta direttamente al cameriere, ma al ristorante; *voi* è infatti il pronome con il quale ci si rivolge a un insieme di persone (non tutte necessariamente presenti) che costituiscano una società commerciale o d'altro tipo. (Vedi anche il punto 12 della quinta lezione).

Esercizio 8

Diamo a titolo di esempio soltanto il dialogo relativo al punto **b**.

▲ *E le scaloppine come le fate?*
■ *Al limone o al marsala.*
▲ *Facciamo al marsala.*
■ *Benissimo, scaloppine al marsala.*

Esercizio 9

Si tratta qui di un esercizio di ripasso. Il partitivo è infatti stato già spiegato al punto 12 della lezione 4.

Diamo a titolo di esempio soltanto il dialogo relativo al punto **a**.

■ *La signora prende del vino?*
● *No, io vorrei dell'acqua.*

Dialogo 10

Situazione: La cliente si rivolge al cameriere.
Principali intenzioni comunicative: Chiedere e fornire spiegazioni.
Procedimento: Come ai punti 2 e 4 della prima lezione.

Potete mettere in evidenza come spesso in italiano (ma anche in altre lingue) una decisione meditata o sofferta è espressa alla prima persona plurale: *Proviamo questo pollo al mattone*.

11 Esercizio

Più che di un esercizio si tratta qui di un gioco nel quale gli studenti procederanno per eliminazione non conoscendo i nomi di tutti gli ingredienti.

Soluzione:

Tiramisù	*Dolce fatto con mascarpone, biscotti, caffè e liquore.*
Spezzatino	*Carne tagliata a pezzi e cucinata in umido.*
Acquacotta	*Minestra di verdure con fette di pane.*
Trenette al pesto	*Tipo di pasta con una salsa fatta con basilico e pinoli.*
Saltimbocca alla romana	*Fettine di vitello con prosciutto e salvia cotte in una salsa al vino bianco.*

12 Esercizio

Diamo a titolo di esempio soltanto il dialogo relativo al punto **a.**

● *È fresca questa insalata di pesce?*
▲ *Ah, è freschissima, signora, è ottima.*
● *Sì, sì, va bene, proviamo questa insalata di pesce.*

13 E adesso tocca a voi!

Per lo svolgimento di questa attività si veda quanto detto al punto 6 della prima lezione.

14 Lettura

Per lo svolgimento di questa attività si veda quanto detto al punto 15 della terza lezione. Darete allora tre minuti per la prima lettura, fornendo poi agli studenti le fotocopie dei disegni riprodotti in appendice a pagina 207 e chiedendo loro di indicare a quali delle azioni descritte si riferiscono.

Esercizio

15

Dite agli studenti che nel mettere gli ingredienti al posto giusto, oltre che dalla logica, dovranno farsi guidare dalle loro conoscenze grammaticali. Farete un esempio dicendo che il sostantivo che manca nella prima frase non può che essere femminile e singolare. Il testo dice infatti *far**la** dorare*; dove il *la* si riferisce ovviamente a un nome femminile singolare.

Soluzione: *la cipolla – olio – i funghi – il riso – vino – brodo – burro – parmigiano*

Dettato

16

Principali elementi morfosintattici: Il pronome *ci* con i verbi *provare* e *riuscire*.

Soluzione:

▲ *Oh, mentre aspettiamo sai cosa faccio? Io mi fumo una bella sigaretta. Però naturalmente come sempre non trovo l'accendino. E allora … Hai da accendere?*

● *No, caro, io ormai ho smesso.*

▲ *Hai smesso? Davvero?*

● *Beh, diciamo che ci sto ancora provando, va.*

▲ *Ah, ecco. E perché? Da quando non fumi più?*

● *Da sei mesi.*

▲ *Beh, ma allora hai smesso veramente. Beata te, guarda. Beata te.*

● *Non è così facile. Ci vuole una forza di volontà incredibile.*

▲ *È vero guarda. Io ci ho provato tante volte, ma veramente non ci sono mai riuscito.*

N.B.: Per un errore, in fase di registrazione dei dialoghi estratti è stato detto *sei mesi* invece di *due mesi* come era invece nel dialogo iniziale.

Ormai (alla seconda battuta) significa *adesso dopo che un certo tempo è passato*. In effetti sono passati sei mesi. La donna comunque non sembra molto convinta del risultato ottenuto; con quel *diciamo … va* vuole infatti attenuare la portata dell'affermazione appena espressa. L'uomo non può tuttavia non ammirare la determinazione della sua accompagnatrice e con *Beata te!* esprime al tempo stesso il riconoscimento del merito della donna e il rammarico di non riuscire lui a raggiungere lo stesso risultato. Un non fumatore infatti non avrebbe mai detto *Beata te!*

17 Esercizio

Soluzione:

	Be' diciamo che…
È difficile il corso?	*... riesco a seguirlo, va'.*
Parli bene il tedesco?	*... mi arrangio, va'.*
Ti piace quella giacca?	*... non è male, va'.*
È buona la tua minestra?	*... è mangiabile, va'.*
È silenziosa la tua camera?	*... non è troppo rumorosa, va'.*
Abiti vicino al centro?	*... non abito lontano, va'.*
È grande la casa di Mario?	*... non è proprio piccola, va'.*

18 Esercizio

Diamo a titolo di esempio soltanto il dialogo relativo al punto **a**.

▲ *Resti qui per Carnevale?*

● *No, caro, io ho prenotato per Rio.*

▲ *Davvero? Beato/a te!*

19 Esercizio

Soluzione: **a.** *ha provato – ci è riuscita* **b.** *ci riesco* **c.** *sono riuscito* **d.** *è riuscita* **e.** *riesco – ci provo.* **f.** *ci siamo riusciti*

20 Lettura

Principali elementi morfosintattici: I possessivi di terza persona singolare e plurale.

Prima di iniziare la lettura dite ai vostri studenti di guardare le fotografie di pagina 122 e 123. Fatevi dire di che tipo di ristorante secondo loro si tratta, e quale tipo di cucina si aspetterebbero di trovarvi.
Procedete secondo quanto detto al punto 22 della prima lezione, dando quattro minuti per la prima lettura.

L'uso di *il* Merzi è chiaramente regionale. La frase *El cafè senza graspa l'è come basar 'na dona per telefono* significa: *il caffè senza grappa è come baciare una donna per telefono.*

Soluzione: **a.** *v* **b.** *f* **c.** *f* **d.** *v* **e.** *v*

Esercizio 21

Soluzione: *Sua moglie, ai loro clienti, ai loro amici, ai suoi clienti, i suoi piatti.*

Esercizio 22

Prima di passare a questo esercizio sarà bene fare uno schema ricapitolativo degli aggettivi possessivi.

Soluzione: *sua – Il loro – i loro – Le sue – le sue – la sua*

Attività supplementare: A questo punto riunendo i vostri studenti in coppie o in piccoli gruppi potete chiedere loro che raccomandino all'altro o agli altri, descrivendolo, un ristorante in cui si sono trovati bene.

Test 23

Soluzione:

I.
a. *prenotato – per* **b.** *li* **c.** *ne – porzione* **d.** *nostra* **e.** *le – al – al*
f. *vino – minerale* **g.** *smesso* **h.** *ci è*

II.
a. *Che cosa ci consiglia di secondo?*
b. *Di primo preferisco il risotto ai funghi. Però ne vorrei mezza porzione.*
c. *Mentre aspettiamo mi fumo una bella sigaretta.*
d. *Non è stato facile smettere di fumare, ma alla fine ci sono riuscito.*

III.
a. *il Suo* **b.** *sua moglie – i loro* **c.** *la nostra* **d.** *il mio* **e.** *I suoi*

LEZIONE 10

Hai portato tutto?

Situazione: Per l'ultimo dell'anno Marzia e Claudio stanno preparando una festa nella casa di campagna di Marzia.

Principali intenzioni comunicative: Chiedere e dare informazioni. Chiedere aiuto. Offrire la propria disponibilità. Rammaricarsi. Convincere qualcuno. Esortare.

Elementi morfosintattici: I pronomi indefiniti *qualcuno* e *nessuno, qualcosa, tutto* e *niente*. Gli avverbi *già* e *non ... ancora*. La concordanza del participio passato con i pronomi diretti. La forma *ce l'ho*. I numerali collettivi (*decina, dozzina ...*). Il verbo *farcela*.

Elementi di civiltà: Il Capodanno in Italia.

Trascrizione del dialogo

■ *Oh, eccomi qui!*
● *Eh Claudio, quanto tempo ci hai messo!*
■ *Eh … c'è traffico lo sai.*
● *Sì, sì, le solite scuse.*
■ *Ma no, c'è traffico davvero.*
● *Eh, ti conosco!*
■ *E va bene, d'accordo. Senti, è gia arrivato qualcuno?*
● *No, sei il primo.*
■ *Oh benissimo. Senti, mi dai una mano a scaricare la macchina?*
● *Volentieri, poi mi aiuti ad apparecchiare la tavola, però?*
■ *Certo, va bene.*
● *Bene… Senti, hai portato tutto?*
■ *Tutto. Questa volta non ho dimenticato niente.*
● *Devo crederci?*
■ *Ma sì, naturalmente.*
● *Hai portato la chitarra?*
■ *La chitarra l'ho portata.*
● *E i dischi li hai portati?*
■ *I dischi li ho portati.*

● *Le carte le hai portate?*
■ *E le carte le ho portate. Ho portato tutto.*
● *Va be'. Senti allora aspetta che spengo il gas e poi ti aiuto.*

■ *Mm... che stai preparando?*
● *Eh, guarda, io ho fatto lo zampone.*
■ *Mm...*
● *E ho preparato anche il cotechino: già è quasi pronto.*
■ *Con le lenticchie.*
● *Con la lenticchia.*
■ *E Daniela dovrebbe portare il capitone.*
● *Benissimo.*
■ *Senti, per il cotechino con le lenticchie il vino rosso ce l'hai?*
● *Come no! Io adoro il vino rosso. Ho la cantina piena.*
■ *Benissimo. Io ho portato lo spumante.*
● *Quante bottiglie ne hai portate?*
■ *Quanti siamo?*
● *Mah, una quindicina.*
■ *Benissimo, ne ho portate dieci. E ...*
● *Dieci?*
■ *Ma sì, dai! Per quindici persone dieci bottiglie bastano.*
● *Mm, speriamo.*
■ *Ma sì, sì, sì, sì. Senti, che programma c'è per questa sera?*
● *Eh dunque, quando siamo tutti qui, quando gli ospiti sono arrivati, ci sarà un aperitivo, e poi c'è il cenone.*
■ *Bene.*
● *E poi giochiamo a tombola.*
■ *Oh Dio!*
● *L'hai dimenticata!*
■ *Accidenti a me!*
● *Hai dimenticato la tombola!*
■ *L'ho anche scritto!*
● *E io t'ho anche telefonato stamattina!*
■ *Come facciamo?*
● *Dai, fai un salto in paese! Fai un salto in paese!*
■ *Ma dai, il paese è lontano. Senti, ma c'è proprio bisogno che giochiamo a tombola stasera?*
● *Ma dai, il primo dell'anno la tombola ci vuole ...!Dai! Fai un salto in paese!*
■ *Ma il paese è lontano, dai!*
● *Sono le sette, guarda, se ti sbrighi ce la facciamo.*

■ *Con la macchina.*
● *Con la macchina. Dai, fai in fretta, dai!*
■ *D'accordo. Senti, allora visto che vado in paese, ti occorre qualcosa?*
● *No. Eh aspetta, sì. Porta un paio di pacchetti di Marlboro. E un po' di cerini.*
■ *Va bene d'accordo, allora a più tardi.*
● *Eh sì, sbrigati!*
■ *Eh sì, sì, sì, sta' tranquilla. Sì.*

1 Questionario

Per lo svolgimento dell'attività di ascolto procedete come indicato al punto 1 della prima lezione.

Diamo qui delle brevi descrizioni di alcuni dei piatti nominati. Lo zampone è un piatto tipico che si prepara in occasione dei festeggiamenti per l'ultimo dell'anno. È costituito dalla zampa anteriore del maiale svuotata, riempita di carne tritata e quindi speziata. Si mangia dopo averlo bollito.
Il cotechino è ancora un piatto tipico di Capodanno. È preparato con carne e pelle di maiale pestate insieme e insaccate. Si mangia bollito e si accompagna di solito alle lenticchie.
Il capitone è l'anguilla femmina. È detta capitone perché ha la testa più grande del maschio. È un piatto tipico della tradizione campana.
Il cappone è il gallo castrato da giovane, quindi più tenero e più grasso.

Soluzione:
a. *la chitarra, i dischi, le carte* **b.** *Marzia sta preparando lo zampone e il cotechino con le lenticchie, Daniela il capitone* **c.** *il vino rosso* **d.** *circa 15* **e.** *tombola* **f.** *la tombola, un paio di pacchetti di Marlboro e dei cerini*

2 Dialogo

Situazione: Marzia e Claudio si dispongono a preparare la casa per la festa di stasera.
Principali intenzioni comunicative: Informarsi. Chiedere aiuto.
Principali elementi morfosintattici: I pronomi indefiniti *qualcuno* e *nessuno*. Gli avverbi *già* e *non ... ancora*.
Procedimento: Come spiegato ai punti 2 e 4 della prima lezione.

Può risultare interessante evidenziare la libertà di posizione che la congiunzione *però* ha all'interno della frase. Nel caso in questione Marzia avrebbe potuto dire: *Poi però mi aiuti ad apparecchiare la tavola?* o *Poi mi aiuti però ad apparecchiare la tavola?* L'analoga congiunzione *ma* avrebbe invece avuto un'unica posizione: *Ma poi mi aiuti ad apparecchiare la tavola?*

Esercizio 3

Diamo a titolo di esempio soltanto il dialogo relativo al punto **a**.

■ *È già entrato qualcuno?*
● *No, non è ancora entrato nessuno.*

Esercizio 4

Soluzione: *Senti, mi dai una mano/mi aiuti a …*

a. *mettere in ordine la casa?*
b. *riparare la bicicletta?*
c. *accorciare i pantaloni?*
d. *fare le valigie?*
e. *lavare la macchina?*
f. *cucinare?*

Lettura 5

Essendo il testo esclusivamente descrittivo, procedete come indicato al punto 15 della terza lezione. Date 10 minuti per la lettura e per l'attività successiva che potrà essere svolta anche in coppia.

Approfittate del testo per mettere in evidenza come la preposizione *da* quando segue un oggetto ne precisa il fine (*forchetta da dessert, bicchiere da vino* etc.) e come la preposizione *di* indichi invece il contenuto (*una bottiglia di vino*) o il materiale (*un vaso di vetro*).

Soluzione: **1.** *bicchiere da vino* **2.** *bicchiere da acqua* **3.** *tovagliolo* **4.** *forchetta* **5.** *piatti* **6.** *coltello* **7.** *cucchiaio* **8.** *portapepe* **9.** *saliera* **10.** *caraffa* **11./12.** *posate da dessert* **13.** *bottiglia di vino* **14.** *tovaglia*

6 Dialogo

Situazione: Marzia si sincera che Claudio, normalmente sbadato, non abbia dimenticato niente.
Principali intenzioni comunicative: Mostrare scetticismo. Rispondere rassicurando.
Principali elementi morfosintattici: Gli indefiniti *tutto* e *niente*. La concordanza del participio passato con i pronomi diretti di terza persona.
Procedimento: Come ai punti 2 e 4 della prima lezione.

La funzione enfatica del pronome diretto posto dopo il sostantivo a cui si riferisce è stata già spiegata al punto 4 della nona lezione. La presenza del pronome *ci* con il verbo *credere* (*devo creder**ci**?*) non dovrebbe essere una sorpresa per la classe essendo tale pronome comparso già alla nona lezione con i verbi *provare* e *riuscire*. L'uso del pronome *ci* è qui del tutto identico; anche qui infatti ha il significato di ***a** questo*.

7 Esercizio

Potete rendere più vivace l'esercizio preparando dei cartoncini sui quali abbiate incollato, ritagliandole da una rivista, fotografie di oggetti vari. Gli studenti riuniti in coppie riceveranno una certa quantità di cartoncini. Uno di loro domanderà all'altro *Hai portato ...*e qui scoprirà il cartoncino pronunciando il nome dell'oggetto raffigurato. L'altro dovrà rispondere usando il pronome diretto e il verbo al passato prossimo.

8 Dialogo

Situazione: Marzia e Claudio controllano che non manchi niente per la festa.
Principali intenzioni comunicative: Chiedere e dare informazioni.
Principali elementi morfosintattici: La forma *ce l'ho*. I numerali collettivi. La concordanza del participio passato con il pronome partitivo *ne*.
Procedimento: Come spiegato ai punti 2 e 4 della prima lezione.

L'uso del pronome *ci* unito al pronome diretto davanti al verbo *avere* (*il vino rosso **ce l'**hai?*) appartiene quasi esclusivamente alla lingua parlata. Per chiarire la coniugazione in genere e numero del participio preceduto

dal *ne*, spiegate che anche quest'ultimo, come *lo*, *la*, *li* e *le* è un pronome diretto e che, quindi, come gli altri pronomi si colloca e si comporta.
Per l'uso di *come no!* si veda il punto 2 della quinta lezione.

Esercizio 9

Diamo a titolo di esempio soltanto il dialogo relativo al punto **a.**

■ *Lo spumante ce l'hai?*
● *Come no!? Io adoro lo spumante.*

Esercizio 10

Diamo a titolo di esempio soltanto il dialogo relativo al punto **a.**

■ *Quanti bicchieri hai portato?*
● *Ne ho portati 15.*

Esercizio 11

Soluzione: *quarantina, cinquantina, sessantina, settantina, ottantina, novantina*

Dettato 12

Soluzione:

■ *Senti, che programma c'è per questa sera?*
● *Eh dunque, quando siamo tutti qui, quando gli ospiti sono arrivati, prendiamo un aperitivo, e poi c'è il cenone, e poi giochiamo a tombola.*
■ *Oh Dio!*
● *L'hai dimenticata.*
■ *Accidenti a me!*
● *Hai dimenticato la tombola!*
■ *L'ho anche scritto.*
● *E io t'ho anche telefonato stamattina.*

13 Lettura

Prima di cominciare l'attività di lettura si può chiedere agli studenti cosa si fa di solito nel loro paese la notte di San Silvestro. Questo permetterà di introdurre il vocabolario utile per la comprensione del testo. Si procede poi nel modo indicato al punto 22 della prima lezione, dando cinque minuti per la prima lettura.

Soluzione: **a.** *no* **b.** *no* (*non più*) **c.** *sì* **d.** *no*

Ettore Petrolini nato a Roma nel 1886 e morto a Roma nel 1936 è senz'altro fra i comici italiani più famosi della prima metà del secolo. La citazione riportata nella lettura proviene da una sua celebre canzone in dialetto romanesco: *Tanto pe'cantà.*

Potreste utilizzare la vignetta che segue (tratta dalla rivista *Donna moderna*) per la seguente attività. Fotocopiatela tagliando via l'ultimo dei nove disegni. Distribuite poi le fotocopie alla classe, oppure proiettate l'immagine riprodotta su un lucido, e chiedete quindi ai vostri studenti di immaginare e scrivere il testo (se è possibile di fare anche il disegno) dell'ultimo riquadro.

14 E adesso tocca a voi!

Ecco altri temi che potete offrire ai vostri studenti:

a. Avete mai trascorso la notte di San Silvestro in un altro paese? Se sì, come si festeggia in quel paese l'ultimo dell'anno?
b. Dove e come vi piacerebbe passare la prossima notte di San Silvestro?
c. Nel vostro paese si fanno giochi tipici in occasione dell'ultima notte dell'anno? Se sì, descriveteli.

15 Dialogo

Situazione: Marzia e Claudio discutono se è il caso di procurarsi o meno una nuova tombola.
Principali intenzioni comunicative: Cercare di dissuadere. Esortare. Offrire la propria collaborazione.
Principali elementi morfosintattici: La forma *ci vuole*. Il verbo *farcela*. Il verbo *occorrere*.
Procedimento: Come spiegato ai punti 2 e 4 della prima lezione.

È forse interessante evidenziare (e d'altra parte la classe lo avrà certamente già notato) la frequenza con la quale l'esortativo *dai* ritorna negli enunciati di Marzia.

Il verbo *farcela* è qui sinonimo di *riuscire, venire a capo di una situazione*; dovendo dunque cercare altri esempi al fine di chiarirne il significato è bene evitare la frase che più spontaneamente può venire in mente e cioè *non ce la faccio più* equivalente invece a *non sopporto più questa situazione*.

La locuzione congiuntiva *visto che* dell'ultima frase di Claudio ha valore causale come *siccome* o *dato che*.

Esercizio (16)

In questo esercizio saranno ovviamente i vostri studenti a dovere trovare una risposta.

Esercizio (17)

Soluzione: **a.** *ce la faccio* **b.** *ce la facciamo* **c.** *Ce la fate* **d.** *ce la fai* **e.** *ce la fa*

Esercizio (18)

Salumeria – 2 etti di prosciutto
Tabaccheria – 2 francobolli per lettera e un accendino
Profumeria – un dentifricio e uno spazzolino
Cartoleria – una penna e una gomma
Merceria – del filo nero e degli aghi
Farmacia – un pacchetto di cerotti (un dentifricio e uno spazzolino)

E adesso tocca a voi! (19)

Per lo svolgimento di questa attività si veda quanto detto al punto 6 della prima lezione.

20 Test

Soluzione:

I.

ha – ancora – nessuno – apparecchiare – preparato – soldi – qualcosa – niente – l'ha – ne – ce l'ha – ci vuole – ancora – fa – sbriga – fa – qualcosa – pacchetti – scatola

II.

a. *Il pollo l'hai comprato ?*
b. *Ho portato i panini. Ne ho comprati cinque.*
c. *La birra ce l'avete?*
d. *Dai! Se studi molto ce la fai!*
e. *La lezione l'avete studiata bene?*
f. *Mi dispiace, ma le cassette non le ho portate, le ho dimenticate a casa.*

Che studi ha fatto?

Situazione: Il dottor Fumagalli ha avuto un colloquio di lavoro con due persone: un uomo e una donna.

Principali intenzioni comunicative: Chiedere e dare un permesso. Chiedere e fornire informazioni. Riferire. Chiedere e fornire un parere. Paragonare. Esprimere indecisione.

Elementi morfosintattici: Il passato prossimo dei verbi riflessivi. Il passato prossimo dei verbi modali. Il verbo *sapere* nel significato di *essere capace*. La proposizione causale con il gerundio. Il comparativo. I pronomi indiretti di terza persona.

Elementi di civiltà: Sistema scolastico e mondo del lavoro.

Trascrizione del dialogo

■ *È permesso?*
● *Si accomodi, dottor Fumagalli.*
■ *Buongiorno, signora Turrini.*
● *Buongiorno. Allora, mi dica. Ha avuto i colloqui di lavoro oggi?*
■ *Sì, ho avuto i colloqui e si sono presentate diverse persone e fra queste, due particolarmente interessanti.*
● *E cioè?*
■ *E cioè un giovane di ventotto anni, Paolo Iannini, e una ragazza … sì insomma … di ventisei anni.*
● *Bene, allora sentiamo un po' cosa mi dice.*
■ *Comincio con il ragazzo.*
● *Sì.*
■ *Dunque, il ragazzo ha esperienze un po' particolari perché ha fatto il liceo classico, poi si è iscritto all'università, a matematica, e ha vinto una borsa di studio per l'America. Quindi si è trasferito negli Stati Uniti, e lì a un certo punto non ha più voluto continuare l'università e ha cominciato a lavorare come guida turistica, e ha lavorato con turisti italiani e francesi, perché parla anche il francese.*
● *Ah bene.*

■ *E non solo: oltre al francese parla anche lo spagnolo e il tedesco. Ha guidato turisti americani in America latina. Poi per seguire la moglie che è tedesca è venuto qui a Roma perché la moglie lavora all'ambasciata tedesca.*
● *Ah ah.*
■ *Ed è una persona molto dinamica, molto abile.*
● *Sì. Senta, come ha detto che si chiama?*
■ *Paolo Iannini.*
● *Ah sì. Mm mm.*
■ *Sì, questo per quanto riguarda il ragazzo.*
● *Sì. E la ragazza adesso?*
■ *Dunque, la ragazza invece ha esperienze più classiche perché ha fatto l'istituto tecnico per il turismo. La ragazza è di Aosta.*
● *Quindi si sa già che parla francese.*
■ *Certo. Naturalmente parla il francese, ma oltre al francese sa parlare anche l'inglese.*
● *Che studi ha fatto?*
■ *Dunque: lei ha fatto l'istituto tecnico per il turismo, poi dopo la maturità è andata in Inghilterra perché ha dei parenti che hanno un albergo a Brighton.*
● *E quanto tempo è rimasta in Inghilterra?*
■ *È rimasta poco, sei mesi, perché poi, per motivi di famiglia è dovuta ritornare ad Aosta.*
● *Ho capito, e cosa ha fatto poi in Italia?*
■ *E poi vicino ad Aosta ha lavorato in un albergo per due anni. Poi si è sposata. Il marito si è trasferito a Roma per lavoro, e quindi anche lei si è dovuta trasferire a Roma con lui, e adesso è qui e cerca lavoro.*
● *E perché trova interessante questa persona?*
■ *Ma perché è una persona che mi dà l'impressione di essere una persona molto affidabile, molto seria nel lavoro, una persona molto positiva da questo punto di vista.*
● *Eh, senta un po', ma chi Le sembra dei due il più affidabile?*
■ *Mah, il più affidabile è difficile dirlo… Non lo so.*
● *E il più dinamico?*
■ *Mah, il più dinamico dei due certamente è il ragazzo. Cioè questo è chiaro: il ragazzo certamente è più dinamico della ragazza. Ma insomma, è un pochino difficile decidere.*
● *Sì, senta: è il caso di rifare il colloquio?*
■ *E be', penso di sì, penso di sì, è il caso di rifare il colloquio con Lei presente se è possibile.*
● *Senta, facciamo allora così: telefoni a queste persone e fissi un appuntamento. Diciamo per mercoledì o giovedì in mattinata.*

- *Benissimo.*
- *Senta, così appunto vediamo chi è la persona di cui abbiamo veramente bisogno.*
- *Va bene d'accordo.*
- *Va bene?*
- *Allora a più tardi.*
- *Arrivederci.*

Questionario

1

Prima di passare all'ascolto, è bene illustrare brevemente alla classe, servendosi eventualmente dello schema proposto a pagina 136, il sistema scolastico italiano. Si procederà poi come indicato al punto 1 della prima lezione.

Soluzione:

a. *Il ragazzo ha frequentato il liceo classico, si è iscritto all'università, è andato in America, ha lavorato in una agenzia turistica, parla lo spagnolo e il tedesco, è sposato.*
La ragazza ha frequentato l'istituto tecnico per il turismo, è andata in Inghilterra, ha lavorato in un albergo, è sposata.

b. *Lui: dinamico, abile.*
Lei: affidabile, seria, positiva.

c. *Mercoledì o giovedì in mattinata.*

Lettura

2

Prima di iniziare la lettura spiegherete alla classe che, trattandosi di annunci a pagamento, la lingua impiegata devia un poco dalla norma. In un annuncio vengono infatti eliminati tutti quegli elementi morfosintattici che, nel contesto in questione, non sono essenziali alla comprensione (articoli, preposizioni etc.). Alcune parole vengono poi unite (è il caso per esempio nella lettura di *automuniti*), dipendendo il prezzo dell'annuncio dal numero e non dalla lunghezza delle parole impiegate.

Il terzo annuncio può sembrare più che un'offerta una richiesta di lavoro. Sembrerebbe infatti che sia un cuoco a cercare un hotel e non invece, come è, un hotel a cercare un cuoco. Si tratta comunque di un annuncio autentico (come lo sono del resto, con l'eccezione del quinto, tutti gli altri) in cui si è voluta evidenziare la professione mettendola in testa all'annuncio.

Per la lettura procedete come spiegato al punto 15 della terza lezione. Darete quattro minuti per la prima lettura, scaduti i quali leggerete e spiegherete il questionario, assegnando quindi ancora quattro minuti per una nuova lettura e per lo svolgimento dell'esercizio.
Prima di controllare, farete confrontare fra loro gli studenti formando delle coppie o dei minigruppi.

3 Esercizio

Soluzione:
a. *la quinta*
b. *la prima, la terza e la quarta*
c. *ventottenne, automunito, militesente, neodiplomato*
d. *cercasi, si prega, richiedesi, richiedonsi, offresi*

Man mano che gli studenti vi forniranno le forme con il *si* impersonale, le scriverete alla lavagna nel modo seguente:

si prega	________
________	cercasi
________	richiedesi
________	richiedonsi
________	offresi

Quindi accanto a *si prega* scriverete *pregasi,* e direte agli studenti di dettarvi le forme necessarie a completare lo schema.

4 Dialogo

Situazione: Il dott. Fumagalli inizia a riferire alla signora Turrini i colloqui avuti.
Principali intenzioni comunicative: Chiedere e concedere un permesso. Raccontare. Chiedere e fornire chiarimenti.
Principali elementi morfosintattici: Il passato prossimo indicativo dei verbi riflessivi.

Procedimento: come spiegato ai punti 2 e 4 della prima lezione oppure nel modo indicato in appendice a pagina 182.

L'espressione *si accomodi* (presente nella forma plurale *si accomodino* al punto 2 della nona lezione) è usata qui per dare un permesso, nel caso in questione quello di entrare.
Cioè è usato qui per richiedere una spiegazione più dettagliata.

Esercizio 5

Prima di iniziare l'esercizio avvertite i vostri studenti che alcuni verbi possono essere inseriti in più di una frase.

Soluzione:
a. *si sono laureati/si sono iscritti*
b. *si sono iscritte/si sono presentate*
c. *si è presentata*
d. *si sono diplomati*
e. *si sono incontrati/si sono riuniti*
f. *si è riunito/si è incontrato*

Esercizio 6

Soluzione:
a. *Tuscania e Tarquinia*
b. *Mario e Alberto*
c. *«L'isola di Arturo» e «Strade di polvere»*
d. *«Il Barbiere di Siviglia» e «La Cenerentola» di Rossini*
f. *uno di Paolo Conte e uno di Gianna Nannini*
g. *«Casablanca» e «Tassisti di notte»*

L'isola di Arturo è stato scritto da Elsa Morante, *Strade di polvere* da Rosetta Loy. Paolo Conte di Asti e Gianna Nannini di Siena sono entrambi cantanti e autori di successo. Tuscania e Tarquinia sono due bellissime cittadine di origine etrusca situate in provincia di Viterbo. *Casablanca* è il famosissimo film interpretato da Humphrey Bogart e Ingrid Bergman. *Tassisti di notte* è un film di Jim Jarmusch che vede tra gli interpreti il popolare comico toscano Roberto Benigni.

7 Dialogo

Situazione: Il dott. Fumagalli riferisce del suo colloquio con Paolo Iannini.
Principali intenzioni comunicative: Riferire.
Principali elementi morfosintattici: Il passato prossimo dei verbi riflessivi e dei verbi modali. La congiunzione consecutiva *quindi* e la locuzione temporale *a un certo punto*.
Procedimento: Come spiegato ai punti 2 e 4 della prima lezione.

Il passato prossimo dei verbi modali in italiano non differisce da quello degli altri verbi; merita tuttavia una spiegazione per gli studenti germanofoni nella cui lingua tale tempo si costruisce diversamente, e cioè con l'uso del cosiddetto doppio infinito.

Come spiegato nello specchietto, la congiunzione *quindi* introduce la conseguenza derivante dalla causa espressa nella proposizione precedente (… *ha vinto una borsa di studio per l'America. Quindi si è trasferito negli Stati Uniti* …); la locuzione *a un certo punto* introduce invece un cambiamento che i fatti fino a quel momento enunciati non lasciavano presupporre (… *a un certo punto non ha più voluto continuare l'università*).

8 Esercizio

Soluzione:

a. ... *non ha più potuto continuare gli studi e ha cominciato a lavorare.*
b. ... *non ha più voluto studiare e ha cercato un lavoro.*
c. ... *non ha più voluto lavorare col padre e si è messo in proprio.*
d. ... *hanno voluto sapere la verità e io ho dovuto dire tutto.*
e. ... *ha dovuto smettere di fumare e ci è riuscito.*
f. ... *non ho più potuto pagare l'affitto e ho preso un monolocale.*

9 Esercizio

Soluzione: **a.** *quindi* **b.** *a un certo punto* **c.** *quindi* **d.** *a un certo punto* **e.** *A un certo punto – quindi*

Lettura

(10)

Darete due minuti per la lettura, chiedendo quindi se nel testo sono presenti vocaboli non conosciuti. Dal momento che le parole delle quali vi sarà chiesto il significato sono sicuramente *coniugato*, *prestato* e *conseguito*, sarete voi a chiedere alla classe di fornirvi dei sinonimi o delle spiegazioni. I tre termini infatti, seppure nuovi, possono essere facilmente compresi in base al contesto al quale appartengono.

Alla voce *Lingue conosciute*, Paolo Iannini ha scritto: *ottima conoscenza* per il francese, l'inglese e lo spagnolo, e *conoscenza discreta* per il tedesco, facendo dunque precedere l'aggettivo al sostantivo nel primo caso e facendolo invece seguire nel secondo. Benché la regola conosca eccezioni, spiegate agli studenti (qualora questi ve lo richiedessero) che normalmente è l'aggettivo a seguire il sostantivo e non viceversa. Premettere l'aggettivo è in ogni modo – quando le regole d'uso lo consentano – una scelta stilistica.

Dialogo

(11)

Situazione: Il dott. Fumagalli riferisce del suo colloquio con la ragazza.
Principali intenzioni comunicative: Riferire. Dedurre. Confermare.
Principali elementi morfosintattici: Il verbo *sapere* nel significato di *essere capace*.
Procedimento: Come spiegato ai punti 2 e 4 della prima lezione.

L'uso del verbo *sapere* nel significato di *essere capace* è limitato alle lingue neolatine; tale uso rappresenta quindi per gli studenti di altre aree linguistiche se non una difficoltà, certamente una novità sulla quale è necessario riportare l'attenzione. I due significati di *sapere* si evidenziano del resto nello stesso dialogo dove il verbo compare la prima volta nel significato di *essere a conoscenza* (*si sa già che parla francese*) e poi, come già detto, in quello di *essere capace* (*sa parlare anche l'inglese*).

12 Esercizio

Per animare l'esercizio lo si può trasformare in gioco dicendo agli studenti (dopo averli riuniti in coppie) di cercare di indovinare quello che l'altro studente sa fare, mettendo una croce accanto alle attività delle quali presumono l'altro sia capace.
La verifica stabilirà il vincitore, a patto naturalmente che entrambi gli studenti siano sinceri.

13 Dettato

Principali elementi morfosintattici: Il passato prossimo dei verbi modali con i verbi transitivi e riflessivi.

Soluzione:
- ● *Che studi ha fatto la ragazza?*
- ■ *Dunque, ha fatto l'istituto tecnico per il turismo, poi, dopo la maturità, è andata in Inghilterra perché ha dei parenti che hanno un albergo a Brighton.*
- ● *E quanto tempo è rimasta in Inghilterra?*
- ■ *È rimasta poco, sei mesi, perché poi, per motivi di famiglia, è dovuta ritornare ad Aosta.*
- ● *Ho capito. E che cosa ha fatto poi in Italia?*
- ■ *Poi, vicino ad Aosta, ha lavorato in un albergo per due anni. Poi si è sposata. Il marito si è trasferito a Roma per lavoro e quindi anche lei si è dovuta trasferire a Roma con lui e adesso è qui e cerca lavoro.*

14 Esercizio

Abbiamo preferito non mettere nello specchietto grammaticale la forma *ha dovuto trasferirsi*. Tale forma può essere comunque presentata alla classe, essendo largamente diffusa. La regola vorrebbe comunque che il verbo modale fosse coniugato con l'ausiliare del verbo che segue (*ho dovuto pagare, sono dovuto restare a casa*), con eccezione del verbo essere (*ho voluto essere fra i primi a congratularmi con lui*).

Soluzione:

a. *Io non sono potuto/a arrivare in tempo perché ho trovato traffico.*
b. *Franca si è dovuta trasferire perché il marito ha cambiato lavoro.*

c. *Carolina non si è voluta sposare perché non ha trovato l'uomo giusto.*
d. *Fabio non si è potuto laureare perché ha cominciato a lavorare.*

Esercizio (15)

Soluzione:
a. *Io ho trovato traffico e quindi non sono potuto arrivare in tempo.*
b. *Il marito di Franca ha cambiato lavoro e quindi Franca si è dovuta trasferire.*
c. *Carolina non ha trovato l'uomo giusto e quindi non si è voluta sposare.*
d. *Fabio ha cominciato a lavorare e quindi non si è potuto laureare.*

Lettura (16)

Principali elementi morfosintattici: La proposizione causale con il gerundio.

Compaiono qui due gerundi: il primo causale (*Essendo di Aosta*), il secondo temporale (*Ringranziando*). Ci siamo limitati ad evidenziare soltanto il primo. Il secondo può per il momento essere appreso come parte della formula di congedo, senza ulteriori spiegazioni. Ricordate di non «caricare» troppo lo studente.

Darete due minuti per una prima lettura procedendo poi come indicato al punto 22 della prima lezione.

Esercizio (17)

Soluzione:
a. *Abitando a Madrid parlo bene lo spagnolo.*
b. *Avendo tanto tempo libero Giovanna fa molto sport.*
c. *Lavorando tutto il giorno Lisa non ha tempo per lo studio.*
d. *Vivendo da solo posso fare quello che voglio.*
e. *Dovendo mantenere la famiglia Mario lavora molto.*
f. *Essendo di Merano Carlo parla bene il tedesco.*

18 E adesso tocca a voi!

Nulla vieta che in questa attività gli studenti possano, invece di Adriana Reali e Mauro Parisi, presentare se stessi. Lasciate comunque che siano gli studenti a decidere. Chi non ha un curriculum troppo brillante non ha certo intenzione di metterne gli altri a conoscenza.

19 Dialogo

Situazione: La signora Turrini chiede al dott. Fumagalli la sua opinione sui due candidati.
Principali intenzioni comunicative: Chiedere e fornire un parere. Esprimere indecisione.
Principali elementi morfosintattici: Il superlativo relativo e il comparativo.
Procedimento: Come spiegato ai punti 2 e 4 della prima lezione.

L'imperativo seguito da *un po'* (*Senta un po'*) è molto frequente in italiano ed è presente tutte le volte che invece di un ordine si voglia esprimere una richiesta. Così *apra la porta* e *apra un po' la porta* non sono esattamente la stessa cosa; ne è prova anche l'intonazione. La seconda frase ha infatti il tono piuttosto di una richiesta che non di una disposizione. Alla forma *senta un po'* segue poi di solito una domanda.
Il *cioè* della quarta battuta è usato dal dottor Fumagalli per riassumere in poche parole quanto ha detto fino a quel momento.

20 Esercizio

Diamo a titolo di esempio soltanto uno dei possibili dialoghi relativo al punto **a.**

- ● *Senta un po', ma … chi Le sembra dei due il più estroverso?*
- ■ *Mah … il più estroverso è difficile dirlo … non lo so.*
- ● *E il più preparato?*
- ■ *Mah, il più preparato dei due certamente è il signor Toti. Cioè questo è chiaro: il signor Toti è più preparato del dottor Renzi.*

E adesso tocca a voi!

21

Una variante dell'esercizio è quella di far parlare gli studenti di se stessi, sempre che, ovviamente, questi siano d'accordo e che non l'abbiano già fatto svolgendo l'attività al punto 18, oppure dir loro di preparare la biografia di un personaggio famoso e quindi di interpretarlo in classe davanti a un compagno di corso che si simulerà giornalista.

Sophia Loren (nome d'arte di Sofia Scicolone) è nata a Roma nel 1934. Ha iniziato la sua carriera cinematografica nel 1949 debuttando come comparsa in *Quo vadis?* Dal '50 al '54 è apparsa in numerosi film di scarso rilievo. Nel 1954 è diventata famosa interpretando il personaggio della pizzaiola nel film *L'oro di Napoli.* Nel '57 si è trasferita a Hollywood dove ha girato numerosi film a fianco di attori famosi quali A. Perkins, C. Grant e W. Holden. Nel '59 è ritornata in Italia dove ha lavorato come protagonista nel film *La ciociara*. Per la sua interpretazione ha ottenuto l'anno successivo il premio Oscar. Ormai attrice affermata ha lavorato in numerosi altri film italiani e esteri (*Matrimonio all'italiana,* 1964; *La contessa di Hong Kong,* 1967; *I girasoli,* 1969). Nel 1991 le è stato assegnato il premio Oscar alla carriera.

Umberto Eco è nato a Alessandria nel 1932. Docente universitario ha svolto numerose ricerche sulla storia dell'estetica, sulle poetiche d'avanguardia, sulle comunicazioni di massa. Già conosciuto per le sue brillanti inchieste sulla cultura del consumo (*Diario minimo,* 1964; *Il superuomo di massa,* 1976; *Sette anni di desiderio,* 1980), ha ottenuto due successi internazionali con i romanzi *Il nome della rosa* (1980), un thriller ambientato nel medio evo, e con il successivo *Il pendolo di Foucault* (1988). Collaboratore di diverse pubblicazioni, tiene una rubrica fissa sul settimanale *L'Espresso*.

Luciano Pavarotti - tenore (Modena 1935). Ha avuto la musica nel sangue fin da bambino. Ha continuato la grande tradizione dei tenori italiani quali Gigli, Caruso, Di Stefano. La sua carriera è rapidissima: esordisce a 26 anni, nel 1961, a Reggio Emilia, con *la Bohème* che con l'*Aida* resterà una delle sue opere preferite. Nel 1965 negli Stati Uniti sbalordisce il pubblico con i famosi nove do di petto in una sola aria nella *Figlia del reggimento*. I coraggiosi tentativi per stare a dieta, l'inseparabile chiodo storto portafortuna, gli spaghetti al burro prima di entrare in scena alimentano la sua popolarità, corroborata da dischi di melodie italiane e napoletane. Da alcuni anni si esibisce insieme a Placido Domingo e a José Carreras in concerti di risonanza mondiale.

(22) Lettura

Principali elementi morfosintattici: I pronomi indiretti di terza persona.

Con questi due messaggi il quadro dei pronomi indiretti risulta completo, gli altri pronomi sono comparsi nelle lezioni seconda (punto 9), sesta (punto 7) e nona (punto 4). Una volta svolto l'esercizio sarà bene ricapitolare l'argomento scrivendo l'intera declinazione alla lavagna.
Circa i due esiti della terza persona plurale, varrà forse la pena di informare la classe che la forma *loro* è preferita nella lingua scritta, mentre la forma *gli* è più frequente nella lingua parlata.

(23) Esercizio

Soluzione: **a.** *gli* **b.** *le* **c.** *gli* **d.** *le* **e.** *gli* **f.** *loro*

(24) Lettura

Il termine *colf* è l'abbreviazione di *collaboratrice familiare*, eufemismo, sembra (altrimenti non se ne spiegherebbe il successo), più dignitoso di *domestica* o *donna delle pulizie*.

Sicuramente qualcuno nella vostra classe troverà uno dei lavori elencati nella tabella assolutamente non adatto a un uomo o a una donna. Un compito che potreste allora fargli svolgere a casa è quello di scrivere una lettera in cui sconsiglia categoricamente una ipotetica persona che gli abbia chiesto un parere – così come Patrizia ha fatto con la Mafai – dall'intraprendere quella professione.

Darete due minuti per la lettura, procedendo poi come indicato al punto 22 della prima lezione.

(25) Test

Soluzione:

I.
Per apertura nuovo ristorante in Maremma cercasi da giugno cameriere veramente esperto. Telefonare ore pasti 055/438957

II.

si è diplomata – si è iscritta – si è laureata – ha trovato – si è dovuta – ha cominciato

III.

a. *si sono annoiati* **b.** *mi sono trasferito* **c.** *vi siete alzati* **d.** *si sono presentate*
e. *mi sono addormentato*

IV.

a. *Non ho potuto lavorare.*
b. *Ci siamo dovuti trasferire.*
c. *Luisa non ha più voluto (non ha voluto più) studiare.*
d. *Non sono potuti partire.*
e. *Non si sono voluti iscrivere al corso.*
f. *Siamo dovuti partire in macchina.*

V.

a. *gli – Lo* **b.** *gli* **c.** *le – La* **d.** *gli – loro* **e.** *Le – Li – mi*

VI.

a. *al* **b.** *del* **c.** *per – di* **d.** *Ai – di – di* **e.** *negli* **f.** *dei*

LEZIONE 12

Hai visto che casa?

Situazione: Una coppia è andata a trovare degli amici. Tornando a casa, lui e lei cominciano a discutere.

Principali intenzioni comunicative: Lamentarsi. Invidiare qualcuno. Constatare. Esprimere un desiderio. Contraddire. Paragonare. Trarre conseguenze da un'ipotesi. Chiedere consigli. Consigliare.

Elementi morfosintattici: I suffissi *-ino/a, -one, -etto/a.* Il condizionale presente. Il pronome *ne* sostitutivo del complemento di argomento. Il comparativo irregolare. I pronomi relativi *che* e *cui.*

Trascrizione del dialogo

■ *Eh? Hai visto? Hai visto che casa si sono comprati Maurizio e Valeria, eh?*
● *Eh, bella …*
■ *Bella sì! Se io penso che adesso torniamo in quel buco di casa che è la nostra casa!*
● *Ah, buco! Non esagerare, non è buco!*
■ *No? Che cos'è?*
● *È un appartamentino, carino, in centro.*
■ *È un appartamentino ino, ino, ino. È piccolo, è piccolo, è piccolo. Tanto più che noi abbiamo due figli che crescono, e ognuno dovrebbe avere la sua stanza.*
● *Va be', per questo hai ragione.*
■ *Eh, ho ragione. Io non capisco che cosa aspettiamo io e te a comprare una casa come hanno fatto Maurizio e Valeria.*
● *Ma sì, ma Maurizio e Valeria hanno i soldi.*
■ *Eh, hanno i soldi. Anche noi abbiamo i soldi. Abbiamo dei soldi in banca.*
● *Sì, e non bastano per comprare una casa.*
■ *Eh, non bastano … Sì, è vero, però io ho parlato con tuo padre più di una volta e tuo padre mi ha detto che ci darebbe i soldi.*
● *Ma i soldi dei miei non ti basterebbero.*
■ *Va bene, ma potremmo aprire un mutuo, e in dieci anni, in quindici anni la casa sarebbe nostra. E poi scusa, io sono architetto, devo lavorare in uno studio, devo pagare l'affitto per questo studio ogni mese. Con una casa più grande io avrei la mia stanza, che sarebbe il mio studio, e sarebbe tutto meglio.*

- *Eh sì, ma dovremmo fare dei sacrifici.*
- *E va bene, dovremmo fare dei sacrifici, perché no? Lavoriamo tutti e due, perché no? Eh! Ma non lo so, ma hai visto che casa? Tutto è più grande. Tutto. La cucina è il doppio, e il salotto è più grande. Il bagno è più grande. Le camere da letto sono più grandi. Il terrazzo è più grande. Perfino lo sgabuzzino è più grande.*
- *E chi la pulirebbe la casa?*
- *E chi la pulirebbe? La colf.*
- *La colf?*
- *La colf, la colf, la colf, potremmo prendere una colf.*
- *Mm ...*
- *Certo! Loro hanno la colf? La voglio anch'io! Perché non devo avere qualcosa che loro hanno?*
- *Va be', va, adesso sei nervoso. Dai, ne riparliamo, eh? Domani telefono a mamma.*
- *Va be', telefona a mamma. Ché poi anche il discorso dei soldi che abbiamo in banca ... tu dici sempre che quei soldi è meglio investirli, quale occasione migliore di investirli in una casa?*
- *Ma sì, questo è vero.*
- *Eh, appunto. Va bene, ne riparliamo.*

Questionario ⓵

Per lo svolgimento dell'attività di ascolto procedete come indicato al punto 1 della prima lezione.

Soluzione:

a. *Tutti due lavorano, lui è architetto. Hanno due figli. Abitano in un appartamento in centro. Hanno dei soldi in banca.*
b. *L'appartamento dove abitano è troppo piccolo per quattro persone.*

Dialogo ⓶

Situazione: Dopo aver visto la casa dei suoi amici, l'uomo si lamenta di dovere abitare in un appartamento troppo piccolo.
Principali intenzioni comunicative: Lamentarsi. Esprimere disaccordo.
Principali elementi morfosintattici: L'uso riflessivo enfatico di un verbo transitivo. L'uso di un sostantivo in funzione di aggettivo. Il suffisso diminutivo *-ino*.
Procedimento: Come spiegato ai punti 2 e 4 della prima lezione.

Il verbo *comprarsi* che appare in questo dialogo più che *riflessivo* dovrebbe essere definito *pronominale*. L'oggetto dell'azione non è infatti, come nei normali verbi riflessivi, l'agente stesso, ma l'oggetto che il verbo avrebbe alla normale forma transitiva. Si potrebbe infatti dire: *Hai visto che bella casa hanno comprato Maurizio e Valeria?* La frase non avrebbe però la stessa enfasi che le dà invece la forma riflessiva.
A volte in italiano quando si vuole dare a un sostantivo una connotazione particolarmente colorita, lo si fa precedere da un altro sostantivo unito al primo dalla preposizione *di* (*un buco di casa, un inferno di città*).
Alla quarta battuta appare anche l'imperativo confidenziale negativo (*Non esagerare*). Questa forma sarà spiegata nella lezione successiva.

3 Esercizio

Soluzione:

a. *Hai visto che piatto di spaghetti si è mangiato Francesco?*
b. *Hai visto che boccale di birra si è bevuto Mario?*
c. *Hai visto che lavoro si è trovata Silvia?*
d. *Hai visto che sbronza si è preso Gianni?*
e. *Hai visto che villa si è comprata la signora Pozzi?*
f. *Hai visto che macchina si sono comprati i Masini?*

4 Esercizio

Soluzione:

a. *tavolino* **b.** *bicchierino* **c.** *ragazzino* **d.** *cucchiaino* **e.** *stradina,* **f.** *lettino* **g.** *gattino* **h.** *trenino* **i.** *forchettina* **j.** *tazzina* **k.** *panino* **l.** *piattino*

5 Lettura

Darete tre minuti per la prima lettura e altri tre per leggere di nuovo e riconoscere l'appartamento, quindi farete confrontare gli studenti fra loro e poi controllerete in plenum. La pianta che corrisponde all'appartamento descritto è la terza. È l'unica infatti dove sia stato disegnato un ingresso.

Mentre il suffisso accrescitivo è in italiano uno solo (-*one*), i suffissi diminutivi sono invece diversi (-*ino, -ello, -etto*). Il loro uso deriva dalla consuetudine e varia a seconda della regioni d'Italia.

Esercizio 6

Soluzione: *portone, maglione, scarponi, guantoni, ombrellone, giaccone; scatoletta, casetta, dischetto, borsetta, barchetta, oretta, pacchetto, lavoretto*

Dialogo 7

Situazione: L'uomo prospetta alla moglie la possibilità di acquistare un appartamento.
Principali intenzioni comunicative: Riferire. Presentare una possibilità e valutarne le conseguenze.
Principali elementi morfosintattici: Il condizionale presente.
Procedimento: Come spiegato ai punti 2 e 4 della prima lezione.

In questo dialogo compare per la prima volta il condizionale nel suo uso non di forma di cortesia ma di modo verbale che esprime una possibilità o la conseguenza di una condizione. Il contesto del dialogo rende decisamente chiara la funzione del condizionale; non ci dovrebbero dunque essere difficoltà di comprensione da parte dei vostri studenti.

Esercizio 8

Soluzione:
Ho parlato con il professore e mi ha detto che tu potresti farcela a superare l'esame.
Ho parlato con il capufficio e mi ha detto che domani voi dovreste finire quel lavoro.
Ho telefonato al meccanico e gli ho detto che vorrei avere la macchina entro domani sera.
Sono andata dal medico e mi ha detto che dovrei fumare di meno.
Ho telefonato ai miei genitori e mi hanno detto che loro ci aiuterebbero.
Siamo andati dall'avvocato e ci ha detto che potremmo vincere il processo.

Esercizio 9

Prima di far svolgere l'esercizio individualmente o a coppie, svolgete in plenum il punto **a.** affinché sia chiaro che la seconda delle due frasi di ogni punto è sempre la risposta alla prima.

Soluzione: **a.** *ci basterebbero* **b.** *ti basterebbero* **c.** *mi basterebbe* **d.** *vi basterebbe* **e.** *gli basterebbero* **f.** *gli basterebbero/basterebbero loro* **g.** *le basterebbe*

Fate svolgere a questo punto l'esercizio 6 a pagina 110 del libro degli esercizi.

10 Esercizio

L'esercizio verrà svolto per iscritto. Darete quattro minuti di tempo ai quali seguirà il confronto a coppie e quindi in plenum.

Soluzione: **a.** *potrei – imparerebbe* **b.** *potreste – avreste* **c.** *potrebbe – assumerebbe* **d.** *potremmo – saremmo*

11 Dettato

Soluzione:

■ *Hai visto che casa? Tutto è più grande: la cucina è il doppio, e il salotto è più grande. Il bagno è più grande. Le camere da letto sono più grandi. Il terrazzo è più grande. Perfino lo sgabuzzino è più grande.*

● *E chi la pulirebbe la casa?*

■ *E chi la pulirebbe? La colf.*

È ovvio che nella frase *la cucina è il doppio* manca il secondo termine di paragone; la frase completa è infatti *la (loro) cucina è il doppio della nostra.*

Per il significato del termine *colf* si veda al punto 24 dell'undicesima lezione.

Per l'uso simultaneo del pronome oggetto diretto e del sostantivo a cui si riferisce, si veda quanto detto al punto 4 della nona lezione.

A questo punto potete anticipare, se volete, l'attività proposta al punto 15.

Alla fine del dettato consigliamo di far svolgere l'esercizio 9 a pagina 112 del libro degli esercizi.

Dialogo (12)

Situazione: L'uomo e la donna continuano a discutere.
Principali intenzioni comunicative: Rivendicare enfaticamente un proprio diritto. Promettere. Riferire. Ammettere. Confermare la validità delle proprie ragioni.
Principali elementi morfosintattici: Il pronome *ne* sostitutivo del complemento di argomento. I comparativi irregolari *meglio* e *migliore*.
Procedimento: Come spiegato ai punti 2 e 4 della prima lezione.

Con l'avverbio *appunto* l'uomo prende atto del riconoscimento delle sue ragioni da parte della moglie.

Esercizio (13)

Soluzione: **a.** *ne parlano* **b.** *ne approfittate* **c.** *ne dubita* **d.** *ne godiamo* **e.** *ne soffro* **f.** *ne ho voglia* **g.** *ne risponde*

Esercizio (14)

Soluzione: **a.** 3 **b.** 4 **c.** 5 **d.** 1 **e.** 6 **f.** 2

E adesso tocca a voi! (15)

Prima di iniziare l'esercizio, sarà bene che spieghiate alla classe il significato delle parole che si riferiscono ai mobili e agli accessori elencati non essendo tutti gli oggetti riconoscibili dal disegno.

Direte ai vostri studenti di svolgere questa attività disegnando i mobili nel disegno in basso, confrontando quindi fra loro i risultati ed infine spiegando il perché delle loro scelte. Potete far svolgere questa attività anche in coppia. Formando poi nuove coppie, accadrà che ogni studente dovrà motivare al nuovo partner la ragione delle sue scelte.

Un ulteriore procedimento è quello che ci apprestiamo a descrivere:
Riproducete innanzitutto alla lavagna il disegno dell'appartamento vuoto di pagina 158. Si tratta di un disegno geometrico di facilissima esecuzione che occuperà l'intera superficie della lavagna. Decidete insieme ai vostri

studenti la destinazione delle stanze, quali cioè saranno le camere da letto, quale stanza sarà il soggiorno etc. Chiedete quindi alla classe dove dovete collocare i mobili. Dal momento che voi darete le spalle alla classe, gli studenti saranno obbligati ad usare espressioni quali: *a destra, a sinistra, in alto, in basso, accanto, davanti, dietro, contro, nell'angolo* etc. Alcune di queste espressioni sono già conosciute dalla classe, altre invece sono nuove. Sarà questa dunque una buona occasione per insegnarle permettendo ai vostri studenti di praticarle immediatamente. Secondo quanto vi verrà detto dalla classe, collocherete (anche in questo caso si tratta di disegnare semplicissime figure geometriche) i mobili disegnandoli nelle varie stanze dell'appartamento.

16 Lettura

Principali elementi morfosintattici: Il condizionale presente. I pronomi relativi. Il comparativo irregolare.

Darete quattro minuti per una prima lettura della prima lettera (lo stesso farete in seguito con la seconda lettera). Procederete quindi come indicato al punto 22 della prima lezione.

Soluzione:
Vantaggi: *Massimo diventerebbe gestore del suo lavoro, non avrebbe orari rigidi e avrebbe maggiori possibilità di guadagno.*
Svantaggi: Massimo lasciando la banca non avrebbe più lo sicurezza del suo stipendio né avrebbe più le sue cinque settimane di ferie. Inoltre per il capitale necessario a entrare in società con suo cognato dovrebbe rivolgersi ai suoi suoceri, dipendendo in questo modo troppo dalla famiglia della moglie.

a. *Nicola condivide i dubbi di Massimo. Gli altri svantaggi che vede in un eventuale cambiamento di attività da parte dell'amico sono: la necessità di dedicare un maggiore impegno di tempo al lavoro e il rischio di dovere ricorrere a dei prestiti bancari.*

Rispondendo alla domanda **b.** di pagina 160, per pigrizia o perché convinti dalle argomentazioni di Nicola, gli studenti potrebbero rispondere nello stesso modo. Prima di passare alla lettura della seconda lettera, potreste allora incaricare gli studenti di rispondere loro a Massimo, scrivendo una lettera in classe (e non a casa, altrimenti sarebbe probabilmente molto simile a quella di Nicola). Darete quindici minuti per svolgere il compito, ricordando per quanto riguarda l'attività di scrittura le avvertenze fatte al punto 23 della prima lezione.

Esercizio 17

Nella lettera a pagina 159 Massimo dice: ... *con possibilità di guadagno ben maggiori* .... Nella sua risposta Nicola scrive *Quanto alle possibilità di guadagno, è vero che sarebbero superiori* .... L'uso dell'uno o dell'altro comparativo è naturalmente possibile anche nel primo dei due esercizi. Nel secondo è stato riportato, dei comparativi da inserire, soltanto *inferiore*. Ciò non toglie che al suo posto sia possibile anche la forma *minore*.

Soluzione:
a. *inferiore – maggiori/superiori – migliore – maggiori/superiori – meglio*
b. *inferiore – inferiori/minori – peggiore – peggio – migliore*

Esercizio 18

Diamo a titolo di esempio soltanto le due frasi al punto **a.**
La casa di Piero è più grande dell'appartamento di Gianni.
L'appartamento di Gianni non è grande come la casa di Piero.

Esercizio 19

Soluzione:
a. *Carlo è l'amico con cui ho pranzato.*
b. *Sono delle persone con cui non andrei mai in vacanza.*
c. *La Francia è un paese in cui vivrei volentieri.*
d. *Sergio è la persona a cui chiedo sempre un consiglio.*
e. *Giuliana è la ragazza da cui ho saputo tutto.*
f. *La Pirelli è la società per cui lavoro.*
g. *Daniele è un amico su cui posso sempre contare.*

Esercizio 20

Soluzione: **a.** *in cui* **b.** *da cui* **c.** *che* **d.** *che* **e.** *in/su/con cui* **f.** *che* **g.** *che* **h.** *a cui* **i.** *che*

21 E adesso tocca a voi!

Per lo svolgimento di questa attività vedi quanto detto al punto 6 della prima lezione.

Potete far svolgere questa attività anche nel modo seguente:
Dividete la classe in due gruppi, uno di essi scriverà la lettera relativa alla situazione **a.**, l'altro quella relativa alla situazione **b.** Darete quindici minuti di tempo, allo scadere dei quali il gruppo che ha scritto la prima lettera consegnerà quest'ultima all'altro gruppo dal quale riceverà a sua volta la seconda lettera. Si tratterà adesso, sempre in quindici minuti, di rispondere.
Qualora la vostra classe fosse numerosa formerete quattro gruppi, raddoppiando praticamente quanto descritto sopra, avrete cioè due lettere relative alla situazione **a**. e due relative alla situazione **b.**

22 Test

Soluzione:

I.
vorrebbero – preferirebbe – potrebbe – dovrebbe – sarebbe – costerebbe

II.
a. *in cui* **b.** *che* **c.** *con cui* **d.** *che* **e.** *da cui* **f.** *che*

III.
a. *superiore* **b.** *migliore* **c.** *maggiori* **d.** *meglio*

Sentiti a casa tua!

Situazione: Marisa ha intenzione di passare qualche giorno da Marco, ma lui, dovendo partire improvvisamente, le telefona.

Principali intenzioni comunicative: Scusarsi. Esprimere sorpresa. Rammaricarsi. Autorizzare. Mettere in guardia. Dare istruzioni. Rassicurare. Ringraziare. Rispondere ad un ringraziamento.

Elementi morfosintattici: Imperativo confidenziale singolare e plurale nelle forme affermativa e negativa e in combinazione con i pronomi. Le congiunzioni *perché, tanto, anzi, comunque, altrimenti, se, quando* e *quindi.*

Elementi di civiltà: Pubblicità Progresso in difesa dei non vedenti.

Trascrizione del dialogo

▲ *Pronto?*
● *Buongiorno. È la SNAM?*
▲ *No, guardi, Lei ha sbagliato numero. Qui è casa Franceschini.*
● *Ah, scusi tanto.*
▲ *Prego.*

◆ *SNAM buongiorno.*
● *Buongiorno, vorrei parlare con la signora Briganti, per favore.*
◆ *Eh sì, chi devo dire?*
● *Sono Marco Sacchi.*
◆ *Sì, un attimo.*

■ *Pronto?*
● *Marisa?*
■ *Marco?*
● *Sì, mi senti Marisa?*
■ *Sì, ma ti sento lontanissimo. Dove sei?*
● *Sono alla stazione, sto partendo.*
■ *Come, stai partendo?!*
● *Sì, sto andando a Napoli. E anzi sono in un telefono pubblico e ho pochissimi gettoni …*

■ *Oh, e come facciamo allora per l'appartamento?*
● *Eh sì, purtroppo devo partire, comunque non c'è problema perché io ho lasciato le chiavi alla vicina.*
■ *Ah, ah …*
● *Allora, quando arrivi, tu suoni da lei e lei ti dà le chiavi.*
■ *Sì, ma come si chiama la vicina?*
● *Si chiama Bassotti.*
■ *Bassotti?*
● *Bassotti, esattamente sì. E … importante: a casa mia c'è l'allarme.*
■ *Ancora?*
● *Sì. Ti ricordi come funziona?*
■ *No, non veramente …*
● *E allora guarda: apri la porta, a destra solleva il quadro …*
■ *Sì …*
● *C'è la chiave inserita. Gira due volte la chiave a sinistra …*
■ *A sinistra …*
● *Non a destra, altrimenti suona l'allarme …*
■ *Ah sì, sì, sì ho capito.*
● *Va bene?*
■ *Ho capito sì, mi ricordo …*
● *Sì, io ho lasciato qualcosa in frigorifero, quindi mangia quello che vuoi, prendi quello che vuoi, insomma sentiti a casa tua.*
■ *Grazie, sì.*
● *E a proposito, ho lasciato degli yogurt in frigorifero, mangiali, altrimenti si rovinano.*
■ *O.k., va bene.*
● *Va bene? E poi dunque tre cose importanti… Ecco: primo, la doccia, se vuoi fare la doccia, prima apri tutto il rubinetto dell'acqua calda …*
■ *Sì …*
● *E poi l'acqua fredda … regoli la temperatura dell'acqua …*
■ *Sì, ho capito, va bene.*
● *Poi, seconda cosa, non usare il forno … non usare il forno per carità, perché perde … perde il gas!*
■ *Eh, ma sta' tranquillo, tanto non lo uso.*
● *Benissimo. Ultima cosa: la finestra in salotto, non aprire la finestra in salotto perché è rotta, e poi non si chiude più.*
■ *O.k., non ti preoccupare Marco!*
● *Va bene? Senti, io purtroppo devo stare a Napoli una settimana e devo viaggiare ancora, quindi non ci vediamo.*
■ *O.k. Va bene, ma quando vado via che cosa faccio con le chiavi?*

● *Ah, dalle alla vicina. Va bene? Senti, io ho finito i gettoni…non …*
■ *Grazie, eh? Grazie ancora per l'appartamento.*
● *Eh, figurati! Va bene? Ci sentiamo poi. Va bene?*
■ *Va bene. Ciao.*

Questionario 1

Per lo svolgimento dell'attività di ascolto procedete come indicato al punto 1 della prima lezione.

Soluzione:
a. *da un telefono pubblico alla stazione*
b. *la vicina, la signora Bassotti*
c. *girare la chiave due volte verso sinistra*
d. *il forno, la doccia, la finestra del salotto*
e. *alla vicina*

Dialogo 2

Situazione: Marco chiama Marisa da un telefono pubblico.
Principali intenzioni comunicative: Rispondere al telefono. Chiedere di una persona. Segnalare a chi chiama che c'è un errore. Scusarsi.
Procedimento: Come spiegato ai punti 2 e 4 della prima lezione.

Esercizio 3

Per simulare meglio la telefonata potete far mettere gli studenti schiena contro schiena come già consigliato in questa guida per l'esercizio 19 della terza lezione.

Dettato 4

Soluzione:
■ *Marco?*
● *Sì. Mi senti Marisa?*
■ *Sì, ma ti sento lontanissimo. Dove sei?*

- *Sono alla stazione, sto partendo.*
- *Come stai partendo?!*
- *Sì, sto andando a Napoli e anzi sono in un telefono pubblico e ho pochissimi gettoni.*
- *Oh! E come facciamo allora per l'appartamento?*
- *Eh sì, purtroppo devo partire, comunque non c'è problema perché io ho lasciato le chiavi alla vicina.*

Abbiamo già incontrato *anzi* al punto 10 dell'ottava lezione in una frase dove la congiunzione significava *al contrario*. In effetti la funzione di *anzi* è quella di precisare, e dunque – laddove la precisazione diventa estrema – anche quella di correggere.
Nel dialogo di questa lezione Michele «precisa» la sua premura aggiungendo al fatto di dover partire quello di essere anche in possesso di pochi gettoni. *Anzi* insomma aggiunge qui una nuova difficoltà a un'altra appena enunciata. Diversa è la funzione di *comunque* che, al contrario di *anzi*, presenta un problema risolto.

5 Esercizio

Diamo a titolo di esempio soltanto il dialogo relativo al punto **a**.
- *Pronto, mi senti?*
- *Sì, ma ti sento lontanissimo. Dove sei?*
- *Sono alla stazione, sto tornando in Austria.*
- *Come stai tornando in Austria ?!*
- *Sì, sto aspettando il treno e anzi spero di trovare una cuccetta.*

6 Esercizio

Diamo a titolo di esempio soltanto il dialogo relativo al punto **a.**
- *E come facciamo allora per i biglietti?*
- *Purtroppo io oggi non posso andare a prenderli, comunque non c'è problema perché li ha prenotati già Sandra.*

Dialogo

7

Situazione: Marco dà alcune istruzioni a Marisa.
Principali intenzioni comunicative: Informare. Autorizzare. Ringraziare.
Principali elementi morfosintattici: L'imperativo confidenziale nella forma affermativa e in combinazione con i pronomi.
Procedimento: Come spiegato ai punti 2 e 4 della prima lezione oppure nel modo indicato in appendice a pagina 182.

Il dialogo estratto è stato corretto rispetto all'originale sostituendo a *si rovinano* l'espressione *vanno a male* che ci è parsa più appropriata.

Esercizio

8

Soluzione: **a.** *dormi* **b.** *scrivi* **c.** *telefona* **d.** *guarda* **e.** *ascolta* **f.** *prendi* **g.** *metti* **h.** *bevi*

Esercizio

9

Diamo a titolo di esempio soltanto la frase relativa al punto **a.**
Ho lasciato del pollo in frigorifero. Mangialo altrimenti va a male.

Esercizio

10

Soluzione: **a.** *Accendilo* **b.** *Mettile* **c.** *Bevilo* **d.** *Mettila* **e.** *Mettili/Portali* **f.** *Mettila/Portala*

Dialogo

11

Situazione: Marco fa alcune raccomandazioni a Marisa.
Principali intenzioni comunicative: Raccomandarsi. Rassicurare.
Principali elementi morfosintattici: L'imperativo confidenziale nella forma negativa ed in combinazione con i pronomi. L'uso delle congiunzioni *tanto* e *perché*.
Procedimento: Come spiegato ai punti 2 e 4 della prima lezione.

La locuzione *per carità* del presente dialogo ha un uso non troppo diverso dalla locuzione *mi raccomando* già presentata al punto 12 della seconda lezione; ma mentre la prima espressione evidenzia soltanto l'importanza di un'azione, la seconda mette invece in risalto un comportamento che, se trascurato, può avere delle conseguenze pericolose o comunque sgradevoli.

Sia *perché* come *tanto* sono congiunzioni causali, ma non sono reciprocamente sostituibili avendo *tanto* una sfumatura semantica che manca invece a *perché*. La funzione di *tanto* è quella di spiegare rassicurando. Potrebbe essere sostituito, nella frase del presente dialogo, da un'espressione del tipo: *non c'è problema perché.*

12 Esercizio

Diamo a titolo di esempio soltanto il dialogo relativo al punto **b.**

- ● *Non suonare il pianoforte!*
- ■ *Eh, ma sta' tranquillo, tanto non lo suono.*
- ● *Non suonarlo, perché il vicino protesta.*
- ■ *Ok, non ti preoccupare.*

13 Esercizio

Soluzione: **a.** *perché* **b.** *tanto* **c.** *perché* **d.** *tanto* **e.** *tanto* **f.** *perché*

14 Dialogo

Situazione: Marco dà a Marisa le ultime istruzioni.
Principali intenzioni comunicative: Rammaricarsi. Chiedere e dare istruzioni. Ringraziare. Rispondere a un ringraziamento.
Principali elementi morfosintattici: Il raddoppiamento della consonante del pronome diretto in unione con un imperativo monosillabico.
Procedimento: Come spiegato ai punti 2 e 4 della prima lezione.

Figurati! si usa, rispondendo a un ringraziamento, quando quest'ultimo è particolarmente enfatico. Un normale *grazie* avrebbe come risposta un altrettanto normale *prego.*

Esercizio 15

Diamo a titolo di esempio soltanto il dialogo relativo al punto **a.**

■ *Che cosa faccio con il libro?*

● *Dallo al professore.*

Esercizio 16

Soluzione: **a.** *fa'* **b.** *Sta'* **c.** *Di'* **d.** *Abbi* **e.** *va'* **f.** *Sii*

Esercizio 17

Soluzione: **a.** *Falli* **b.** *Dillo* **c.** *Dallo* **d.** *Vacci* **e.** *Stacci* **f.** *Fallo* **g.** *Vallo* **h.** *Dalli*

Esercizio 18

Soluzione: *Figurati! – Non ti preoccupare! – Per carità! – Come?!*

Esercizio 19

Soluzione: **a.** *per carità* **b.** *Non ti preoccupare* **c.** *Figurati* **d.** *Come*

E adesso tocca a voi! 20

Qualora la vostra classe mancasse di fantasia, potete chiedere, prima di iniziare l'attività, quali sono quelle cose che in un appartamento possono non funzionare o richiedere nell'uso una particolare attenzione.

Lettura 21

Darete tre minuti per la prima lettura. Procederete poi come indicato al punto 22 della prima lezione.

Soluzione:

a. *Tira – fammi – usalo – tieni – fa' – rispondi – non ti preoccupare*

b. *Attenzione a – fammi il piacere di – ti consiglio di – ti raccomando di*

Pure preceduto da un imperativo (*usalo pure*) è stato incontrato già al punto 18 della lezione 2, là dove il cliente dice al cameriere *Tenga pure il resto* e ancora al punto 15 della quinta lezione (*Prego, faccia pure!*). L'avverbio dunque si unisce all'imperativo quando si vuole dare a qualcuno il permesso di fare qualcosa.

22 Esercizio

Soluzione:

a. *Se fai la doccia (dopo) chiudi bene l'acqua calda, altrimenti il rubinetto perde.*

b. *Ogni volta che mangi pulisci subito tutto, altrimenti le formiche vengono subito (altrimenti vengono subito le formiche).*

c. *La sera innaffia sempre le piante, altrimenti, con il caldo che fa, si seccano.*

d. *Se usi la lavatrice spegni lo scaldabagno, altrimenti la corrente salta (altrimenti salta la corrente).*

23 Esercizio

Soluzione: **a.** *prendila pure!* **b.** *mangiala pure!* **c.** *usala pure!* **d.** *bevilo pure!* **e.** *suonala pure!* **f.** *ascoltale pure!*

24 Lettura

Principali elementi morfosintattici: L'imperativo alla seconda persona plurale.

Prima di dar inizio alla lettura, seguendo il procedimento illustrato al punto 22 della prima lezione, chiedete ai vostri studenti di descrivervi la fotografia. Domandate loro quale categoria di persone soffre più delle altre per un comportamento simile a quello del proprietario della jeep fotografata. Nel caso vi venisse nominata quella dei non vedenti, chiedete cosa può fare ognuno di noi in strada per aiutare un cieco. Infine domandate se una semplice multa (e di quale importo) è una punizione sufficiente per chi parcheggia la sua automobile sul marciapiede.

Soluzione:
Imperativo: non parcheggiate – non gettate – portate – non fate – non zittitevi – non afferrate – offritegli – salutatelo – seguite – prestate – chiamate – ricordate
Indicativo: (se) portate – incontrate – aiutate – vi separate – volete

Attività supplementare: Una volta svolto l'esercizio potete chiedere agli studenti quali comportamenti considerano incivili. Scriveteli in colonna alla lavagna e dite poi ai vostri studenti di copiarli, scritti nello stesso modo, sui loro quaderni. Dite quindi di segnare accanto ad ogni comportamento un numero da 0 a 4 che indicherà l'indice di fastidio che quel comportamento provoca. Così 0 significherà nessun fastidio, 1 poco fastidio, 2 abbastanza fastidio, 3 molto fastidio e 4 moltissimo fastidio.
Quando ogni studente avrà espresso il suo giudizio, dovrà confrontare quanto ha indicato con uno o più compagni di corso e motivare le proprie scelte.

Test 25

Soluzione:

I.
a. *fumare* **b.** *va'* **c.** *prendi* **d.** *mangiali* **e.** *tieni* **f.** *Sta'*
g. *prendere – Va'/vacci*

II.
a. *perché* **b.** *come* **c.** *altrimenti* **d.** *tanto* **e.** *quindi* **f.** *Se* **g.** *Quando*
h. *anzi* **i.** *comunque*

LEZIONE 14

Ci pensi Lei!

Situazione: Il capufficio, prima di andare via, dà alcune istruzioni alla sua segretaria.

Principali intenzioni comunicative: Dare disposizioni. Chiedere che qualcosa sia fatto secondo le disposizioni date. Rassicurare. Considerare se una possibile azione sia utile o meno. Far notare. Tranquillizzare. Delegare. Disdire. Confermare.

Elementi morfosintattici: L'imperativo formale singolare. I pronomi indiretti di terza persona. Verbi che reggono il caso diretto e verbi che reggono il caso indiretto. Il verbo *servire*. L'uso di *ormai* e di *a questo punto*. La trasformazione dell' imperativo e delle frasi interrogative nel discorso indiretto.

Elementi di civiltà: Una lettera di lavoro.

Trascrizione del dialogo

■ *Bene signorina, allora io adesso devo andare via e torno verso le 5.00. Va bene?*
● *Va bene.*
■ *Sì, oggi la sua collega è ammalata, quindi, purtroppo deve far tutto da sola.*
● *Sì, non si preoccupi. Non c'è problema.*
■ *D'accordo? Bene. Allora senta. Sul mio tavolo ci sono delle lettere. Ecco, le batta subito a macchina e le spedisca oggi stesso.*
● *Va bene.*
■ *Va bene? Mi raccomando!*
● *Sì, non si preoccupi!*
■ *Bene, e poi un'altra cosa. Ci sono anche degli articoli, faccia due fotocopie di ognuno. Va bene?*
● *Sì, guardi dottore però che la fotocopiatrice non funziona.*
■ *Ancora?*
● *Eh, si è rotta proprio adesso. Che faccio? Chiamo il tecnico?*
■ *Eh, chiami il tecnico, però il fatto è che ormai …*
● *Si rompe sempre.*
■ *Eh sì, è vecchia. Io non so se … e poi è lenta, e poi … io non so se vale la pena di farla riparare ancora una volta. Forse è meglio comprarne una nuova.*

● *Allora che faccio? Lo chiamo il tecnico o no?*

■ *Sì, lo chiami, però ecco gli dica di portarci una fotocopiatrice nuova, perché questa ormai non ci serve più.*

● *Sì, e per le fotocopie come faccio?*

■ *E per le fotocopie, per le fotocopie … eh come sempre vada dall'architetto qui sopra dalla signora Martini, e le chieda se ci fa fare le fotocopie, tanto è gentile, ci dice sempre di sì.*

● *Va bene.*

■ *Va bene, allora, niente a questo punto io vado via.*

● *Sì, no, no guardi scusi, un attimo ancora … ha telefonato il signor Occhipinti per quel software.*

■ *Software, ho capito. No, guardi, non ci interessa … non ci interessa … Scriva … Facciamo una lettera … La scriva Lei, scriva Lei la lettera perché io adesso non ho tempo. Trovi Lei le parole. Ci pensi Lei. Va bene?*

● *Va bene. D'accordo. C'è altro?*

■ *No … Come no! Sì, sì, sì. Senta, ecco, stamattina il dentista mi ha dato un appuntamento per dopodomani, ecco, io però ho preso un altro impegno. Allora faccia una cosa: gli telefoni e gli dica se può spostarmi l'appuntamento.*

● *Va bene. D'accordo.*

■ *Facciamo, giovedì pomeriggio.*

● *Va bene. D'accordo. Senta dottore, ancora una cosa: venerdì prossimo vorrei andare via un pochino prima, ma se Lei ha qualcosa in contrario …*

■ *No, in linea di massima no, comunque faccia una cosa: si metta d'accordo con la sua collega perché naturalmente qualcuno deve rimanere in ufficio.*

● *Certo.*

■ *Va bene?*

● *Sì.*

■ *Bene. mi sembra che ho detto tutto. Sì, d'accordo, allora, buon lavoro e a più tardi.*

● *Grazie. ArrivederLa.*

Questionario

1

Per lo svolgimento dell'attività di ascolto procedete come indicato al punto 1 della prima lezione.

Soluzione:

a. *verso le cinque*

b. *battere a macchina e spedire delle lettere, fotocopiare degli articoli*

c. *la fotocopiatrice*
d. *dall'architetto (signora Martini) al piano di sopra*
e. *non gli interessa*
f. *vuole spostare l'appuntamento con il dentista*

2 Dialogo

Situazione: Il direttore dà alcune disposizioni alla sua segretaria.
Principali intenzioni comunicative: Dare disposizioni. Chiedere che qualcosa sia fatto secondo le disposizioni date. Rassicurare.
Principali elementi morfosintattici: L'imperativo formale singolare.
Procedimento: Come spiegato ai punti 2 e 4 della prima lezione.

Spiegando l'imperativo formale, evidenziate che, diversamente da quanto avveniva nella lezione precedente con la forma confidenziale, il pronome precede qui il verbo (***le** spedisca, non **si** preoccupi*).

3 Esercizio

Soluzione: **a.** *lo spedisca* **b.** *lo porti* **c.** *la corregga* **d.** *ne spedisca uno* **e.** *lo stampi* **f.** *la apra* **g.** *ne faccia una copia* **h**. *li fotocopi* **i.** *le porti*

4 Dialogo

Situazione: La segretaria informa il direttore che la fotocopiatrice è rotta.
Principali intenzioni comunicative: Informare. Attendere una disposizione. Considerare se una possibile azione sia utile o meno.
Principali elementi morfosintattici: L'imperativo formale. L'uso del verbo *fare* nel significato di incaricare qualcuno di fare qualcosa.
Procedimento: Come spiegato ai punti 2 e 4 della prima lezione.

Riflettendo sul da farsi, il direttore fa alcune considerazioni per le quali usa espressioni tipiche di chi si avvia a prendere una decisione.
Con *il fatto è che ...* ha modo di constatare la situazione presente riferendola però attraverso l'avverbio *ormai* al passato, o meglio al tempo trascorso fino a quel momento; *ormai* è infatti un avverbio di tempo usato tutte le volte che ci si ferma a constatare gli effetti del tempo passato sulla situazione presente.

Il direttore deve comunque decidere se la scelta di chiamare il tecnico sia opportuna o no. Ecco allora che con l'espressione *non so se vale la pena* si chiede se sia utile o meno far riparare ancora una volta una fotocopiatrice che si rompe sempre.

Quando precede un infinito il verbo *fare* ha il significato di incaricare qualcuno di fare qualcosa o di permettere a qualcuno di fare qualcosa (vedi più avanti al punto 7). Una particolarità del verbo *fare* in questa funzione è il trattamento del pronome che ad esso si accompagna: diretto o indiretto che sia il pronome precede sempre il verbo *fare* e non si unisce mai all'infinito che segue (come avviene invece con i verbi modali). Si dirà infatti *lo faccio riparare* e non *faccio ripararlo, gli faccio vedere* e non *faccio vedergli*.

Esercizio 5

Soluzione: **a.** *telefoni* **b.** *prenoti* **c.** *scriva* **d.** *chiami* **e.** *sposti* **f.** *faccia* **g.** *domandi* **h.** *parli* **i.** *prepari*

Esercizio 6

Soluzione:
Ormai è tardi, non so se vale la pena di uscire. Forse è meglio restare a casa.
Ormai il film è cominciato, non so se vale la pena di entrare. Forse è meglio andare in un altro cinema.
Ormai abbiamo perso il rapido, non so se vale la pena di aspettare un altro treno. Forse è meglio partire con la macchina.
Ormai ci siamo detti tutto, non so se vale la pena di discutere ancora. Forse è meglio lasciare perdere.

Dialogo 7

Situazione: Il direttore decide che è il caso di comprare una nuova fotocopiatrice.
Principali intenzioni comunicative: Attendere e dare disposizioni. Constatare.
Principali elementi morfosintattici: Alcuni imperativi irregolari (*dica, vada*). Pronomi indiretti di terza persona. Uso del verbo *fare* nel significato

di *lasciare, permettere*. Il verbo *servire*. La trasformazione dell'imperativo e delle frasi interrogative nel discorso indiretto.
Procedimento: Come spiegato ai punti 2 e 4 della prima lezione.

Il capufficio dice: *Le chieda se ci fa fare le fotocopie*, ma avrebbe potuto anche dire *Le chieda se ci lascia fare le fotocopie*, avendo infatti il verbo *fare* in questa frase il significato di *permettere*. Si osservi a questo proposito la differenza con l'uso di *fare* presente nel dialogo del punto 4.
Per l'uso di *tanto* si veda la lezione precedente al punto 11.

8 Esercizio

Soluzione: *Vada – le domandi; Scriva – gli ricordi; Chiami – gli dica; Mandi – le chieda; Parli – le raccomandi; Telefoni – gli fissi; Scriva – le spieghi*

9 Esercizio

Diamo a titolo di esempio soltanto il dialogo relativo al punto **a.**
● *Allora che faccio, lo avverto il signor Santi o no?*
■ *Sì, lo avverta, però gli dica di non preoccuparsi.*

10 Esercizio

Soluzione: **a.** *mi serve* **b.** *Le servono* **c.** *vi serve* **d.** *gli serve* **e.** *ti serve* **f.** *Ci serve* **g.** *le servono* **h.** *gli servono*

11 Esercizio

Soluzione:
a. *Vada dal signor Mauri e gli dica di spedire il telegramma.*
b. *Telefoni al signor Perotto e gli chieda se ci fa usare il suo computer.*
c. *Telefoni alla signora Zuccari e le dica di prenotarci due posti in treno.*
d. *Vada dalla signorina Martelli e le chieda se ci presta la sua macchina da scrivere.*
e. *Telefoni al signor Cardone e gli chieda se ci fa provare la sua stampante.*
f. *Vada dalla signora Reali e le dica di chiamare la ditta SCAM.*

Dialogo 12

Situazione: Il direttore dà altre disposizioni alla segretaria.
Principali intenzioni comunicative: Trattenere. Informare. Delegare.
Principali elementi morfosintattici: Uso enfatico del pronome soggetto con l'imperativo. L'uso di *ormai* e di *a questo punto*.
Procedimento: Come spiegato ai punti 2 e 4 della prima lezione.

Risolto il problema della fotocopiatrice, il direttore si dispone ad andare via, annunciando la sua decisione con *a questo punto*, espressione alla quale segue di regola un'intenzione (come si vedrà al punto 14 con l'esercizio che distingue *a questo punto* da *ormai*). C'è però ancora qualcosa da sbrigare: la risposta da dare all'offerta del signor Occhipinti, risposta che il direttore delega alla segretaria attraverso l'uso di tre enunciati ognuno dei quali contiene un imperativo seguito dal pronome *Lei* (*La scriva* ***Lei****. Trovi* ***Lei*** *le parole. Ci pensi* ***Lei****.*). L'uso del pronome ha qui una funzione chiaramente enfatica, mentre il verbo *pensare* ha, nell'ultimo enunciato, il significato di *occuparsi*. Si potrebbe infatti dire anche *Se ne occupi Lei.*
Per l'uso di *anzi* si vedano il punto 10 della ottava lezione e il punto 5 della tredicesima lezione.

Esercizio 13

Soluzione:
a. … *guardiamo la posta. Anzi, la guardi Lei* …
b. … *correggiamo il testo. Anzi, lo corregga Lei* …
c. … *controlliamo la relazione. Anzi, la controlli Lei* …
d. … *rivediamo il discorso. Anzi, lo riveda Lei* …
e. … *chiamiamo il dottor Ramozzi. Anzi, lo chiami Lei* …
f. … *facciamo le fotocopie. Anzi, le faccia Lei* …
g. … *prenotiamo i posti in treno. Anzi, li prenoti Lei* …
h. … *spediamo gli inviti. Anzi, li spedisca Lei* …

Esercizio 14

Soluzione: **a.** *ormai* **b.** *A questo punto* **c.** *A questo punto* **d.** *Ormai* **e.** *ormai* **f.** *A questo punto* **g.** *Ormai – A questo punto* **h.** *ormai* **i.** *Ormai* **j.** *A questo punto*

15 Dettato

Soluzione:
- ● *Senta dottore, ancora una cosa: venerdì prossimo vorrei andare via un pochino prima, ma se Lei ha qualcosa in contrario …*
- ■ *No, in linea di massima no, ma comunque faccia una cosa: si metta d'accordo con la Sua collega perché naturalmente qualcuno deve rimanere in ufficio.*
- ● *Certo.*

Fate notare come la segretaria, dovendo chiedere un permesso di lavoro, cerchi di ridurre la portata della sua richiesta attraverso l'uso di *un pochino*, ossia attraverso l'uso del diminutivo, là dove la forma *un po'* sarebbe già stata sufficiente.
L'espressione *in linea di massima* ha il significato di *in principio* ed ha qui il valore di una constatazione generale.

16 Esercizio

Soluzione:
a. *Non si preoccupi! – D'accordo! – Guardi che … – Che faccio …?*
b. *Mi raccomando! – Il fatto è che … – Non so se vale la pena … – Facciamo così: – Ci pensi Lei – In linea di massima …*

17 Esercizio

Soluzione: **a.** *mi raccomando!* **b.** *il fatto è che … – Non so se vale la pena …* **c.** *facciamo così: – D'accordo!* **d.** *guardi che – Non si preoccupi* **e.** *In linea di massima* **f.** *che faccio – ci pensi Lei*

18 E adesso tocca a voi!

Qualora la vostra classe non disponesse di una fantasia particolarmente viva, potete scrivere una serie di disposizioni su dei biglietti che farete poi pescare da quegli studenti che dovranno assumere il ruolo del direttore. Avverrà così che quando quest'ultimo darà le sue istruzioni, il dipendente risponderà inventando un inconveniente. Toccherà poi al direttore trovare una soluzione al problema.

Ecco alcune possibili disposizioni:

1. inserire il testo della relazione nel computer.
2. telefonare alla ditta S.A.P.I.
3. prenotare un posto sul volo Milano – Parigi delle 19.20 di venerdì prossimo.
4. fare cinque fotocopie del testo del bilancio.
5. mandare un fax alla filiale della ditta a Padova.
6. riservare un tavolo per stasera al ristorante Da Armando.
7. rifare tutti i conti delle spese del viaggo della settimana scorsa.
8. fissare un appuntamento con il direttore della Banca del Veneto.
9. chiamare un taxi.

Lettura

19

Principali elementi morfosintattici: Verbi che reggono il caso diretto e verbi che reggono il caso indiretto.

Una lettera formale richiede lessico e costruzioni diverse da quelli usati normalmente in una lettera dal tono familiare. Scopo della lettura e dell'esercizio successivi è quello di evidenziare entrambi, portando inoltre l'attenzione dello studente sull'uso dei casi oggetto diretto e oggetto indiretto in italiano.

La partita IVA (Imposta sul Valore Aggiunto) è un codice che identifica univocamente ogni soggetto che esercita un'attività imprenditoriale o professionale in Italia. Attribuito dall'ufficio IVA competente per territorio, devè essere indicato su ogni fattura e nelle dichiarazioni e nei versamenti di IVA e quando imposto dalla legge.

Spett.le, ogg. e rif. sono rispettivamente le abbreviazioni di Spettabile, oggetto e riferimento. S.r.l. è la sigla di Società a responsabilità limitata.

Darete due minuti per la prima lettura di entrambe le lettere. Procederete poi come indicato al punto 22 della prima lezione.

Soluzione:
abbiamo esaminato – siamo dolenti – abbiamo provveduto a risolvere – siamo sempre interessati – Le porgiamo i nostri più distinti saluti

20 Esercizio

Soluzione:
Le: Assicurare –Porgere
La: Ringraziare –Informare

21 Esercizio

Egregio signor Grassetti,
abbiamo il piacere di informarLa che siamo interessati all'acquisto del Suo programma per la gestione archivi. A tale proposito Le assicuriamo fin d'ora la nostra disponibilità a metterci in contatto con Lei nei prossimi giorni.
In attesa di rivederci al più presto presso i nostri uffici, La ringraziamo e Le porgiamo i nostri più distinti saluti.

22 Test

Soluzione:

I.
a. *gli* **b.** *lo* **c.** *la* **d.** *gli* **e.** *le* **f.** *le* **g.** *La* **h.** *li.*

II.
a. *prenda* **b.** *vada* **c.** *batta* **d.** *dica* **e.** *telefoni* **f.** *si preoccupi*

Non lo sapevo!

Situazione: Roberto racconta a Marta che cosa ha fatto durante le vacanze.

Principali intenzioni comunicative: Informarsi. Raccontare avvenimenti passati. Trarre una conclusione. Esprimere sorpresa.

Elementi morfosintattici: L'imperfetto indicativo. Uso del passato prossimo e dell'imperfetto indicativo. Differenza di significato dei verbi *conoscere* e *sapere* se coniugati all'imperfetto o al passato prossimo. Declinazione plurale dell'aggettivo preceduto dal *si* impersonale. La proposizione comparativa. Uso del gerundio nelle proposizioni modali. La declinazione dell'aggettivo *bello*.

Elementi di civiltà: Brani estratti da *Vestivamo alla marinara* di Susanna Agnelli e *Volevo i pantaloni* di Lara Cardella.

Trascrizione del dialogo

■ *Ciao, Roberto.*
● *Ciao, Marta.*
■ *Come stai?*
● *Bene e tu?*
■ *Ah, non c'è male. Ho saputo che sei stato in Francia.*
● *Sì, sono stato in Francia per un mese.*
■ *Ah, accidenti! Bello!*
● *Sì, sì, molto bello.*
■ *E che cosa hai fatto lì?*
● *Ho fatto un corso di francese.*
■ *Ah sì?*
● *Sì, veramente un bel corso.*
■ *Era organizzato bene?*
● *Molto bene, era a Montpellier, sai nel sud della Francia, ed era veramente organizzato bene. C'erano le lezioni tutte le mattine.*
■ *Mm mm …*
● *Poi c'era la pausa per il pranzo …*

■ *Mm mm ...*
● *Poi si andava ancora ai corsi. E poi il pomeriggio, la sera si era liberi, e si andava, sai, in paese o si restava lì all'università. Veramente ben organizzato, ben fatto.*
■ *E si mangiava bene?*
● *Si mangiava bene, almeno io ho sempre mangiato bene. Poi sai c'è, naturalmente, chi trova il pelo nell'uovo, ma io devo dire che sono soddisfatto, anche della cucina, poi la Francia sai, in Francia si mangia bene.*
■ *E abitavi lì? Dove abitavi esattamente?*
● *Esattamente abitavo lì, abitavo lì al campus. Ogni studente aveva la sua camera, una bella camera luminosa, con un letto, un tavolo, degli scaffali. Sì, anche da quel punto di vista, tutto bene.*
■ *Sei stato bene ...*
● *Sì, sì.*
■ *Hai conosciuto persone lì?*
● *Ho conosciuto persone, naturalmente molti studenti di differenti nazionalità, sai, tedeschi, spagnoli, americani, inglesi ...*
■ *Hai conosciuto anche francesi?*
● *E no, francesi no, perché naturalmente era in agosto. I francesi erano in vacanza, e poi c'erano poche occasioni per conoscere francesi. Più che altro sì, ho conosciuto naturalmente studenti come me.*
■ *Mm ... Quindi durante la settimana studiavi, e il fine settimana che facevi?*
● *Eh, anche lì era organizzato molto bene, perché si partiva sempre con dei pullman il sabato o la domenica, a volte anche il sabato e la domenica, e si andava nei posti vicino a Montpellier che son posti molto belli.*
■ *Interessante ...*
● *Sì, sì, si andava anche al mare. Abbiamo visto molti paesi, carini, interessanti. Per esempio una volta siamo stati anche a Nizza.*
■ *Ah sì?*
● *Sì, sì.*
■ *E siete stati nei musei lì?*
● *Come no? Abbiamo visto Chagall. Veramente devo dire tutto, tutto molto bello.*
■ *Eh, immagino. E così hai imparato il francese.*
● *Beh, no, io conoscevo già il francese.*
■ *Ah! Lo parlavi già?*
● *E beh, certo, perché io ... non lo sapevi? Io ho studiato francese all'università.*
■ *Ah.*
● *Mi sono laureato in francese.*
■ *Ah! Non lo sapevo proprio.*

- *E quindi, sì è stato un modo di rinfrescarlo, diciamo.*
- *Certo. Ma una bella vacanza.*
- *Certo, ho rinfrescato il mio francese e al tempo stesso mi sono divertito.*
- *Bene, sono contenta.*

Questionario

(1)

Per lo svolgimento dell'attività di ascolto procedete come indicato al punto 1 della prima lezione.

Soluzione: **a.** *f* **b.** *f* **c.** *f* **d.** *v* **e.** *v* **f.** *f* **g.** *v*

Dialogo

(2)

Situazione: Roberto e Marta si incontrano alla fine delle vacanze.
Principali intenzioni comunicative: Riferire. Esprimere sorpresa e compiacimento. Informarsi.
Principali elementi morfosintattici: Uso del verbo *sapere* nel significato di *venire a conoscenza*.
Procedimento: Come spiegato ai punti 2 e 4 della prima lezione oppure nel modo indicato in appendice a pagina 183.

L'uso di *sapere* nel significato di *venire a conoscenza* non è comune a tutte le lingue. Sarà bene perciò non darne per scontata la comprensione al terzo enunciato del dialogo. Singolare è l'uso di *accidenti* alla quinta battuta. La parola è comparsa già al punto 12 della decima lezione (*accidenti a me!*), ma con tutt'altro significato. Qui non esprime disappunto, ma sorpresa e compiacimento.

Esercizio

(3)

Diamo a titolo di esempio soltanto il dialogo relativo al punto **a.**

- *Ciao, Roberto.*
- *Ciao, Marta.*
- *Ho saputo che sei stato a Roma.*
- *Sì, sono stato a Roma per due settimane.*
- *Ah accidenti, bello!*

- *Sì, sì, molto bello.*
- *E che cosa hai fatto lì?*
- *Ho visitato la città.*

4 Dialogo

Situazione: Marta si fa raccontare come era organizzato il corso.
Principali intenzioni comunicative: Informarsi. Raccontare.
Principali elementi morfosintattici: Uso dell'imperfetto e del passato prossimo. Declinazione plurale dell'aggettivo preceduto dal *si* impersonale.
Procedimento: Come spiegato ai punti 2 e 4 della prima lezione.

In questo dialogo appare per la prima volta l'imperfetto indicativo. Questo tempo appare qui nel suo uso più facilmente comprensibile di tempo passato che esprime una azione ripetuta (*C'erano le lezioni tutte le mattine*). Attenzione però. Quando si vuole indicare che la straordinarietà di un fatto deriva proprio dal suo ripetersi, anziché l'imperfetto si usa il passato prossimo. Dire *si mangiava sempre bene* non ha lo stesso valore di *ho mangiato sempre bene,* non solo perché nella seconda frase l'evento è personalizzato (laddove nella prima l'uso del *si* impersonale impoverisce la portata dell'informazione), ma anche perché il *sempre* della seconda frase suona esattamente come il contrario di *mai* dando così all'enunciato il senso *straordinario* (e quindi non ripetitivo) di *mai una sola volta ho mangiato male.*

Ostico può risultare ancora alla classe l'uso del maschile plurale nella declinazione del predicato nominale che ha come soggetto il *si* impersonale (*si era liberi*). Spiegate comunque che qualora invece si fosse trattato di un corso frequentato solo da donne la frase sarebbe stata *si era libere*.

5 Esercizio

Diamo a titolo di esempio soltanto il dialogo relativo al punto **a.**

- *Era organizzato bene il lavoro?*
- *Molto bene. La mattina si lavorava, poi il pomeriggio si era liberi.*

Esercizio 6

Diamo a titolo di esempio soltanto il dialogo relativo al punto **a.**

- ● *Si dormiva bene nella casa dello studente?*
- ■ *Si dormiva bene. Io almeno ho sempre dormito bene.*

Dettato 7

Soluzione:

- ■ *E il fine-settimana che facevi?*
- ● *Eh, anche lì era organizzato molto bene, perché si partiva sempre con dei pullman il sabato o la domenica, a volte anche il sabato e la domenica, e si andava nei posti vicino a Montpellier che sono posti molto belli.*
- ■ *Interessante.*
- ● *Sì, sì. Si andava anche al mare. Abbiamo visto molti paesi, carini, interessanti. Per esempio una volta siamo stati anche a Nizza.*

Abbiamo qui i due esempi classici dell'uso dell'imperfetto e del passato prossimo. L'azione ripetuta al passato che richiede la prima forma (*si partiva, si andava*) e quella avvenuta una sola volta che richiede invece la seconda (*una volta siamo stati anche a Nizza*).

Esercizio 8

Soluzione: **a.** *mangiava – abbiamo mangiato* **b.** *andava – siamo restati* **c.** *partiva – siamo partiti* **d.** *guardava – siamo andati* **e.** *lavorava – abbiamo fatto* **f.** *giocava – abbiamo giocato*

Lettura 9

Dopo aver svolto l'attività di lettura, così come spiegato al punto 22 della prima lezione, chiedete ai vostri studenti di rileggere ancora il testo (stabilirete un tempo massimo di tre minuti) e di scegliere, sottolineandole, due parole fra quelle che non conoscono. Dite di scegliere quelle parole che sembrano essere più importanti al fine della comprensione del testo, trascurando invece quelle la cui mancata conoscenza non rende comunque incomprensibili i vari periodi di cui fanno parte. Chiedete adesso a uno studente di nominare una delle due parole scelte indicandone la posizione nel testo. (Se per esempio la parola fosse *riccioli*, lo studente dovrà dire *Secondo capoverso, terza riga*). Non traducete la parola, ma spiegatela usando parole italiane. È bene che lo studente riceva spiegazioni nella lingua che sta studiando e non traduzioni che possono tra l'altro risultare spesso non precise. Una volta esaurita la spiegazione, passerete a un secondo studente che a sua volta potrà chiedervi il significato di **una** nuova parola. Quando anche l'ultimo studente avrà posto la sua domanda, ritornerete al primo per la spiegazione della seconda parola da questo scelta. Una volta completato il giro, farete ancora una volta leggere il testo e passerete poi a una nuova attività.

10 E adesso tocca a voi!

Per lo svolgimento di quest'attività si veda quanto detto al punto 6 della prima lezione.

11 Dialogo

Situazione: Roberto conclude il suo racconto.
Principali intenzioni comunicative: Trarre una conclusione. Correggere quanto l'altro ha detto. Chiedere e dare conferma.
Principali elementi morfosintattici: Uso dell'imperfetto e del passato prossimo.
Procedimento: Come spiegato ai punti 2 e 4 della prima lezione.

Il verbo *sapere* ha qui il significato di *essere a conoscenza*, esprime dunque uno stato, una situazione, laddove al punto 2 esprimeva invece un divenire, un'azione. L'esempio mostra in modo molto chiaro, ci sembra, la natura dinamica del passato prossimo e quella statica dell'imperfetto.

12 Esercizio

Soluzione: **a.** *Non lo sapevate?* **b.** *ha saputo* **c.** *non lo sapevo*
d. *conoscevamo – Li abbiamo conosciuti* **e.** *parlava*

Esercizio (13)

Soluzione:
- ● *Ho saputo che hai fatto un corso di sci.*
- ■ *Sì, sono stato a Madonna di Campiglio per una settimana.*
- ● *E così hai imparato a sciare.*
- ■ *Beh, no, ho migliorato lo stile.*
- ● *Ah perché sapevi sciare già?*
- ■ *Certo! Ho imparato tanti anni fa.*

E adesso tocca a voi! (14)

Per lo svolgimento di questa attività si veda quanto detto al punto 6 della prima lezione.

Lettura (15)

Principali elementi morfosintattici: Uso del gerundio nelle proposizioni modali. La proposizione comparativa.
Procedimento: Prima di passare alle domande sul testo potete far svolgere la lettura secondo le indicazioni al punto 9.

Abbiamo già incontrato il gerundio al punto 16 dell'undicesima lezione. Si trattava lì di un gerundio con valore causale (*essendo di Aosta, parlo perfettamente il francese*). Qui il gerundio (*I pomeriggi li trascorrevo ..., giocando ...*) esprime invece il modo, la maniera.

Soluzione: **a.** *f* **b.** *v* **c.** *f* **d.** *v* **e.** *f*

Esercizio (16)

Soluzione: **a.** *studiando* **b.** *andando* **c.** *leggendo* **d.** *prendendo* **e.** *ballando – cantando* **f.** *Partendo*

17 Esercizio

Diamo a titolo di esempio solo le frasi relative al punto **a.**

a. *Più che all'università, studiavo a casa.*
Studiavo più a casa che all'università.

18 E adesso tocca a voi!

Per facilitare lo svolgimento dell'attività, trascrivete ognuna delle sottostanti domande su un cartoncino. Dividete quindi la classe in coppie (o in minigruppi) e consegnate poi ad ogni coppia uno o più cartoncini. Gli studenti si intervisteranno a vicenda e scambieranno poi con altre coppie i cartoncini già utilizzati.

1. *Che giochi facevi da bambino?*
2. *Con chi giocavi soprattutto?*
3. *I tuoi genitori giocavano con te?*
4. *Avevi un giocattolo preferito?*
5. *I tuoi genitori ti davano dei soldi?*
6. *Dove passavi la maggior parte del tempo quando non eri a scuola?*
7. *Dove andavi di solito in vacanza?*
8. *Avevi un amico preferito?*
9. *Avevi animali a casa?*
10. *Avevi una tua propria stanza?*
11. *Cosa facevi il sabato o la domenica?*
12. *C'è stato un momento in cui hai capito che l'infanzia era finita?*

19 Lettura

Principali elementi morfosintattici: La declinazione dell'aggettivo *bello*.

Per lo svolgimento di questa attività si veda quanto detto al punto 15 della terza lezione. Darete tre minuti per la prima lettura e cinque per lo svolgimento dell'esercizio successivo. Dopo che gli studenti avranno confrontato fra loro, verificherete in plenum.

Esercizio (20)

Soluzione: **1.** *Angela* **2.** *Miriam* **3.** *Silvia* **4.** *Elisabeth* **5.** *Silvana* **6.** *David* **7.** *Don Alfio* **8.** *Daniela* **9.** *Mario* **10.** *Alessia* **11.** *Beatrice* **12.** *signora Achilli* **13.** *signor Achilli* **14.** *Giovanna De Vita* **15.** *Rosanna*

Esercizio (21)

Compaiono nel testo le due forme *grazie di* (*grazie dei begli orecchini*) e *grazie per* (*grazie per il bel regalo*). Nell'esercizio si è tuttavia preferito esercitare la seconda forma.

Soluzione:
Grazie per … i bei fiori, le belle fotografie, la bella cartolina, il bello stereo, il bell'accendino, la bella pianta, il bello scialle, il bel disco, i begli orecchini, il bell'orologio, i bei libri, la bella stilografica.

E adesso tocca a voi! (22)

Vi consigliamo di procurarvi altre foto di famiglia ritagliandole eventualmente da una rivista, in modo che possa svolgere l'esercizio anche chi non portasse in classe una foto della sua famiglia. In ogni modo, non potendo che assegnare il compito per la lezione successiva, vi consigliamo di desistere qualora qualche studente mostrasse di non gradire l'attività.

Test (23)

Soluzione:

I.
è andato/è stato – migliorare – corso – era – erano – sera – erano – ha conosciuto – tutto – escursioni – andava – visitavano/vedevano – è stato/è andato – ha visto/ha visitato

II.
a. *sapevi* **b.** *ha conosciuto* **c.** *conoscevi/sapevi* **d.** *abbiamo saputo*

III.
a. *Viaggiando* **b.** *facendo/seguendo* **c.** *facendo* **d.** *prendendo – leggendo*

APPENDICE

Procedimenti alternativi

Lezione 2, (5) Dialogo

Un modo diverso di presentare in classe il dialogo e i dialoghi successivi di questa e delle altre lezioni, può essere quello che ci proponiamo di illustrarvi adesso secondo la tecnica ideata e sviluppata alla Di.L.It. di Roma alcuni anni fa e definita *Ricostruzione di conversazione*. Si tratta di un procedimento apparentemente più complesso, ma che, una volta collaudato, vi permetterà di affrontare i dialoghi di questo libro in modo più piacevole per voi e per la vostra classe, e con risultati da un punto di vista didattico senz'altro più soddisfacenti.

Prima di procedere rileggiamo il dialogo. Si tratta di una conversazione essenziale, priva di qualsiasi ridondanza. Il cliente esprime una richiesta che le domande del cameriere mettono progressivamente a fuoco. Il dialogo si conclude poi quando tutto quello che c'era da dire è stato detto e al cameriere non resta altro che eseguire quanto gli è stato richiesto.

Proviamo adesso a scomporre il dialogo nelle intenzioni comunicative che lo compongono.

Nella prima battuta il cameriere saluta il cliente invitandolo poi a fare la sua richiesta. Nella seconda battuta il cliente, dopo essersi assicurato l'attenzione del cameriere, esprime il suo desiderio. Nella terza battuta il cameriere chiede una precisazione che il cliente gli fornisce nel successivo enunciato. Nella quinta battuta il cameriere prende atto della scelta del cliente e gliene propone ancora un'altra. Il cliente mostra quindi, nella sesta battuta, di avere bisogno di una breve riflessione dopo la quale compie la sua scelta. Nell'ultima battuta il cameriere mostra di non avere più domande e di avere compreso perfettamente quello che il cliente desidera.

Se adesso leggeste a una qualsiasi persona di lingua italiana la scomposizione che abbiamo appena fatto, avvertendo che quello che il cliente vuole è una birra e che questa è venduta in due diverse confezioni ed è servita in tre diverse dimensioni, siamo sicuri che quella persona arriverebbe a immaginare un dialogo molto simile a quello dal quale siamo partiti. Bene, è precisamente questo il procedimento che dovete adottare con i vostri studenti; dovete cioè offrire loro quei parametri che gli permettano di arrivare alla formulazione degli enunciati esattamente così come questi sono stati detti nel dialogo. Si tratta ovviamente di un lavoro più impegnativo, ma poiché quello che ci si propone è la «costruzione» del dialogo, l'apprendimento di quest'ultimo, svolto attraverso tentativi e tenendo

presente le regole morfosintattiche e fonologiche che lo sottendono, sarà senz'altro più solido, avendo gli studenti collocato uno per uno i «mattoni» che lo compongono.
Ma affinché il discorso non resti troppo nel vago, daremo adesso un esempio di come si possa «costruire» con la classe il dialogo al punto 5 senza dire una sola parola che non appartenga al dialogo stesso, ma ricorrendo esclusivamente alla mimica. Se volete (e sarebbe un'ottima idea) potete accompagnare ai vostri gesti descrizioni in italiano. Sarebbe bene infatti, anche dando delle spiegazioni, usare sempre meno la lingua degli studenti e dare sempre più spazio all'italiano.

Ricorrete innanzitutto al disegno a pagina 202 di questa guida riproducendolo alla lavagna o proiettandolo con la lavagna luminosa. Indicate adesso il cameriere mostrando alla classe che ne state assumendo il ruolo (potete mettere un fazzoletto a mo' di tovagliolo sul braccio sinistro o fingere di portare un vassoio). Avvicinatevi quindi al tavolo del cliente e fate un leggero inchino. Se proprio nessuno dalla classe dovesse dire a questo punto *buongiorno* (o *buonasera* o *salve*), fate il gesto di levarvi il cappello. Dovreste avere proprio la sfortuna di essere capitati in una classe di maleducati perché nessuno capisca che il cameriere sta salutando il cliente. È possibile comunque che dalla classe venga un altro saluto invece di un *buongiorno*. Non importa. Gli studenti hanno in ogni modo capito l'intenzione comunicativa e al tempo stesso il gioco a cui hanno deciso di giocare. Sarete voi allora a dire *buongiorno* e a farlo ripetere a tutta la classe.
Un gesto delle mani che si aprono ad accogliere la richiesta del cliente o un leggero inchino a mani giunte porteranno senz'altro qualche studente, se non proprio a dire *mi dica*, certamente a formulare un *prego* o comunque a capire che il cameriere sta invitando il cliente ad esprimere il suo desiderio. Sarete voi allora a presentare l'espressione *mi dica* (che non avrà bisogno di nessuna ulteriore spiegazione, essendo la sua funzione chiarissima).
Perché la classe capisca il significato di *senta* (parola che comunque già conosce), basterà alzare la mano destra tenendo sollevato l'indice. Per comprendere invece la richiesta della birra (ma anche in questo caso gli studenti ne saranno a conoscenza avendo già completato il questionario dell'ascolto) sarà sufficiente il gesto di bere da un boccale.
Per le due possibilità che il cameriere presenta (in bottiglia o alla spina) basteranno ancora due gesti: quello di stappare una bottiglia e quello di abbassare una leva tenendo sotto di essa un boccale. Affinché sia chiaro poi che si tratta di una domanda, disegnerete semplicemente un punto interrogativo alla lavagna.

Non sarà difficile presentare la risposta del cliente: ripeterete il gesto di abbassare la leva. Per la risposta del cameriere abbasserete invece la testa in segno di assenso. Infine per la richiesta della dimensione della birra crediamo non vi occorrano suggerimenti: non occorre essere italiani per mimare la grandezza.
Per ottenere dalla classe il *mah* (un'interiezione che indica una breve riflessione) basterà che assumiate un'espressione pensosa, magari portando il pollice l'indice e il medio della mano destra davanti alla bocca. Per *media* ricorrerete alla mimica.
Per l'ultima battuta del cameriere ricorrerete a un inchino. Se volete esagerare potete anche battere i tacchi.
È chiaro che ogni volta che avrete portato i vostri studenti a formulare correttamente una battuta, la farete ripetere in plenum e poi individualmente badando alla pronuncia e all'intonazione. Farete poi ogni volta ripetere in coppia le battute fino a far ripetere interamente il dialogo.
Alla fine farete aprire il libro facendo quindi ascoltare il dialogo dalla cassetta e chiedendo poi ai vostri studenti di ripeterlo ancora una volta secondo le corrette fluenza e intonazione che hanno appena ascoltato.

Lezione 3, (2) Dialogo

Una volta riprodotto schematicamente sulla lavagna il disegno di pagina 38 del manuale (o dopo averne ottenuto un lucido che proietterete per mezzo di una lavagna luminosa) direte, indicando la receptionist, che questa saluta l'ospite appena arrivato. Avrete ottenuto così il primo enunciato (*Buongiorno*). Direte poi che il signor Guerrini richiama l'attenzione della donna ed otterrete – magari alzando la mano destra e sollevando la tempo stesso l'indice – il *Senta* che tutta la classe del resto già conosce. Chiedete adesso per quale ragione il signor Guerrini è in quell'albergo, che cosa vuole. «*Una camera*», vi risponderà qualcuno. Scrivete allora alla lavagna la data di qualche giorno fa, poi, facendo capire alla classe che adesso voi siete il signor Guerrini, mimate la composizione di un numero telefonico e dite poi: «*Buongiorno, mi chiamo Guerrini. Vorrei una stanza con bagno dal ... al ...*» (sceglierete voi le date badando si riferiscano a una permanenza di quattro giorni). Chiedete poi alla classe che cosa avete fatto. «*Che cos'è questo?*», chiederete ripetendo, se necessario, la telefonata. Forse qualcuno vi dirà *telefonare*, domandate allora: «*Telefonare perché?*». Se anche nessuno vi dirà *riservare* o *prenotare*, la classe avrà capito. Scrivete *prenotare* alla

lavagna e dite che volete una frase con questo verbo. Se qualcuno vi dirà *prenoto* domandate: «*Prenoto che cosa?*», «*Prenoto una camera*». Correggete l'enunciato fornendo quello corretto (*Ho una camera prenotata*). Se invece qualche studente vi dirà «*Ho prenotato una camera*», dite che la frase è corretta, ma che non è esattamente quella del signor Guerrini. Sarete voi a questo punto a fornire la frase alla classe. Dite adesso che il signor Guerrini si presenta e avrete l'intera battuta che farete ripetere a ogni studente curando la fluenza e l'intonazione.
«*La receptionist* – direte – *ripete il nome, e il signor Guerrini conferma*». Basterà fare un cenno con la testa per ottenere il *sì*. Un gesto della mano da parte della receptionist significherà invece una richiesta di tempo. Se qualcuno vi dirà «*Un momento*», chiederete quale verbo precede un enunciato di questo tipo. Se qualcuno vi dirà invece «*Aspetti*», correggerete con «*Attenda*» e chiederete poi: «*Attenda quanto? Un'ora?*». La risposta non mancherà. Fingerete a questo punto di sfogliare il registro e di trovare la prenotazione. Un cenno della testa sarà ancora una volta il *sì* che non tarderà. «*Sì cosa?* – domanderete – *Che prenotazione c'è nel registro?*». Se nessuno vi dirà *camera*, disegnerete con un gesto delle due mani un quadrato o indicherete l'aula in cui siete. Ottenuta la parola, la correggerete in *stanza*. Conterete poi sulle dita il numero quattro. Se nessuno capirà che state cercando di ottenere *quattro giorni*, vi basterà ritornare alle due date scritte precedentemente alla lavagna. Un cenno della testa del signor Guerrini (o meglio ancora il portare avanti la mano destra con l'indice teso) sarà l'*Esattamente* di conferma. Conterete quindi ancora quattro sulla punta delle dita. A questo punto, indicando di volta in volta la receptionist e il signor Guerrini rappresentati alla lavagna o proiettati con la lavagna luminosa, ripeterete insieme alla classe la conversazione che avete costruito fino a quel momento. Formerete poi della coppie a cui assegnerete i ruoli del signor Guerrini e della receptionist dicendo che dovranno ripetere più volte il dialogo. Dopo un paio di minuti passerete alla costruzione delle battute restanti.
Chiedete alla classe: «*Cosa fa adesso la receptionist?*». Fingete quindi di prendere la chiave e di porgerla al signor Guerrini. «*Che verbo è questo?*», chiederete ripetendo il gesto? «*Dare*» direte se nessuno vi fornirà la risposta. «*Com'è la prima persona? Io …?*». Non vi preoccupate se nessuno saprà coniugare il verbo. Pensate che la vostra classe su vostra richiesta sta riflettendo. È questo in fondo quello che volete.« *Io do*» direte. «*Che cosa do?*», «*La chiave*», vi dirà qualcuno. «*Io do la chiave a …*», indicate il signor Guerrini «*Io do la chiave a Lei*». Giunti a questa frase formerete una *V* con l'indice e il medio della mano sinistra. Direte «*A*» indicando l'indice, «*Lei*»

indicando il medio. Unite poi le due dita pronunciando chiaramente «*Le*». «*Le do la chiave*», direte e farete ripetere. «*Allora Le do la chiave*», farete quindi ripetere a tutta la classe. Fingendo poi di porgere la chiave cercherete, enfatizzando il gesto, di ottenere *Ecco*. Il numero 45 scritto alla lavagna e ancora un gesto delle braccia che indichi l'aula vi daranno «*La stanza è la numero 45*».
Avendolo letto nel questionario, la classe conosce già l'aggettivo *silenziosa*. Assumendo il ruolo del signor Guerrini che richiede attenzione (mano destra portata avanti con l'indice sollevato), indicherete di nuovo l'aula (la stanza) e porterete l'indice della mano destra davanti alla bocca nel gesto tipico che significa silenzio. Affinché sia chiaro che si tratta di una domanda, farete un punto interrogativo alla lavagna. Una volta ottenuto: «*La stanza è silenziosa?*», darete l'intero enunciato. Per ottenere la parola *cortile interno* potrete fare alla lavagna il disegno di un quadrato (l'albergo) che ne contiene un altro (il cortile), fornendo poi l'intero enunciato. Un'espressione soddisfatta insieme a un cenno del capo accompagneranno l'ultima frase del dialogo.

Lezione 5, (12) Dialogo

La ricostruzione di questo dialogo, secondo la tecnica esposta al punto 5 della seconda lezione, non dovrebbe richiedere tempi troppo lunghi né presentare particolari difficoltà. Procedete nel modo seguente:
Copiate innanzitutto alla lavagna il disegno a pagina 206, altrimenti riproducetelo su un lucido e proiettatelo con una lavagna luminosa. Chiedete adesso ai vostri studenti che cosa può domandare la commessa. La risposta non dovrebbe tardare. Se la classe non andasse oltre un «*Come vanno i pantaloni?*», rispondete che i pantaloni possono andare bene o male e che voi volete la domanda con l'avverbio *bene*. Per la risposta il disegno è più che eloquente. Se qualcuno vi dirà «*Sono troppo lunghi*», si tratta semplicemente di correggere l'avverbio *troppo* in *un po'*. Per ottenere il dimostrativo *questi*, basterà che indichiate più volte i pantaloni che fingerete di portare (se non li portate veramente). *Beh* e *veramente* sono due interiezioni usate qui per evitare che una risposta troppo diretta non suoni scortese. Sarete quindi voi a introdurli ricorrendo, affinché il loro uso sia chiaro, al seguente esempio. Dite che di fronte alla domanda *Le dispiace se fumo?* (o *La disturbo se fumo?*) un non fumatore non risponderà con un secco *Sì*, ma con un più probabile *Beh, veramente, sa, io non fumo*. Per costruire la terza battuta direte

alla classe «*Dunque i pantaloni sono lunghi. È un problema?*». La risposta alla domanda è fin troppo facile ed è del resto gia uscita al punto 5 della terza lezione. «*Cosa si fa* – domanderete – *quando i pantaloni sono lunghi?*». Qualcuno più sveglio vi dirà forse «*cortare*». Correggete e chiedete la frase con il *si* impersonale. Se vi si dirà «*Si accorcia*», spiegate che, essendo i pantaloni un sostantivo plurale, il verbo concorda con esso. Una volta ottenuto *Si accorciano*, dite che volete sì la frase con il verbo *accorciare*, ma preceduto questo dal verbo *potere*. Arrivati a *Si possono accorciare*, dite che *si* significa *tutti*, quindi anche il cliente, ma aggiungete che il cliente non vuole accorciare lui i suoi pantaloni. «*Cosa domanda allora l'uomo alla commessa?*», chiederete alla classe. Otterrete probabilmente una frase del tipo «*Può accorciare/fare Lei*». Spiegate che la domanda non è rivolta direttamente alla commessa, ma al negozio, e che con un negozio, così come con una ditta, il pronome che si usa è il *voi*. La successiva introduzione del pronome *lo*(far**lo**) non dovrebbe presentare difficoltà: direte, se è necessario, «*Potete fare* **questo** *voi?*» e ripeterete quindi la frase così come compare nel dialogo. Del resto la classe conosce già il *non* **lo** *so* del punto 2 della quarta unità. Un movimento ripetuto della testa sarà l'avverbio *certo*, apparso già nella seconda lezione. Chiedete ora alla classe cosa deve fare la commessa per accorciare i pantaloni; quindi, mimando il gesto di allungare il metro, darete l'espressione *prendere le misure*. Una volta ottenuta la frase con il verbo coniugato (*Prendo le misure*) chiederete «*Quando?*». Con *subito* il dialogo sarà completo. Lo farete ripetere curando l'intonazione.

Lezione 7, (12) Dialogo

Riproducete su un lucido il disegno a pagina 85 del manuale e proiettatelo con una lavagna luminosa. Rivolgetevi adesso ai vostri studenti e chiedete se secondo loro le due donne accetteranno il consiglio dell'impiegato di recarsi alla stazione sperando che ci siano all'ultimo momento delle cuccette libere. Può darsi che qualcuno vi dica di sì, ma siamo convinti che la maggioranza della classe vi dirà di no. «*Cosa vogliono sapere a questo punto le donne?*», domanderete. «*Se ci sono treni di giorno*», vi risponderà qualcuno usando forse la sua lingua. Fate formulare la domanda in italiano, e se dovesse mancare l'aggettivo *diretti*, chiedete (facendo due punti alla lavagna) «*Un treno così?*» (unite i due punti con una linea), «*O un treno così?*» (fate tre punti e uniteli in modo da avere una linea spezzata).

Assumete il ruolo dell'impiegato e scrivete alla lavagna:
Roma 7.05 – Monaco 18.30 EC. Non dovreste avere alcuna difficoltà a costruire la prima parte della battuta. Portate adesso l'attenzione della classe sulla sigla *EC.* «*Cosa significa?*» chiederete. Avuta la risposta direte «*Il treno è un Eurocity. E allora che cosa cambia?*». Tutti sanno che un rapido costa di più di un treno normale, in ogni modo suggerite la risposta strofinando fra loro il pollice e l'indice nel gesto tipico che significa denaro. Il termine *supplemento* è già conosciuto essendo apparso nel questionario; ad esso aggiungerete la specificazione *rapido*, e, dopo che avrete ottenuto un enunciato del del tipo «*... allora/quindi dovete/si deve pagare il supplemento rapido*», arriverete certamente alla formulazione corretta (la forma verbale *bisogna* è del resto anch'essa presente nel questionario).
Indicando adesso le 7.05, (orario che avete precedentemente scritto alla lavagna) assumete il ruolo di Anna facendo un'espressione assonnata. Una volta che avrete ottenuto dalla classe la frase «*È troppo presto*»,.avrete automaticamente anche la domanda successiva. La classe conosce già dal questionario l'ora di partenza del secondo treno. Per ottenere il resto della frase scrivete alla lavagna l'orario seguente:
Roma 8.10 — Bologna 11.40 *Bologna 12.00 — Monaco 19.45*
Indicando adesso l'ora di arrivo a Bologna, mimate il gesto di tirare giù le valigie e di scendere dal treno. Quando avrete guidato la classe alla costruzione delle prime tre proposizioni della risposta dell'impiegato (*Dunque, più tardi c'è un treno che parte alle 8.10; però dovete cambiare a Bologna*), chiedete ai vostri studenti: «*Cosa c'è a Bologna per Monaco?*» e, dopo che avrete dato voi la parola *coincidenza* (la classe vi avrà risposto probabilmente *un altro treno?*), chiedete semplicemente «*Quando c'è la coincidenza?*» e avrete la frase completa.

Lezione 8, (2) Dialogo

Riproducete innanzitutto su un lucido l'illustrazione di pagina 100 del manuale e proiettatela con una lavagna luminosa. Non dovreste a questo punto avere bisogno di istruzioni per costruire le prime quattro battute. C'è infatti una sola parola che Giovanna può dire rispondendo al telefono e una sola domanda che può fare non riconoscendo la voce di Roberto che la chiama dalla sua macchina. Proprio il fatto che la telefonata parte dall'automobile di Roberto, con il conseguente rumore della strada (il finestrino è aperto) giustifica la domanda di Giovanna (*Dove sei?*). «*Dov'è Roberto?*»

domanderete alla classe. Portando la mano destra di taglio sulla fronte, come se voleste scrutare l'orizzonte, cercate di ottenere la parola *lontano*. Una volta che l'avrete ottenuta chiedete alla classe di fornirvene il contrario. Per l'avverbio *qui* basterà che indichiate con l'indice il posto in cui siete. Domandate poi «*Vicino quanto? Metri? Centimetri?*», «*Chilometri*» vi dirà forse qualcuno. «*Quanti chilometri, molti?*». In questo modo otterrete la parola *pochi*. «*Pochi chilometri da dove?*» chiederete. «*Da Giovanna*» vi diranno. «*E Giovanna dove abita?*». Non crediamo che avrete difficoltà ad ottenere la parola *casa*; può succedere tuttavia che la risposta apparentemente più facile sia paradossalmente quella meno spontanea. Forse vi si dirà *in campagna* o *con la famiglia* o chissà cos'altro. In questo caso (e tutte le volte che costruirete un dialogo) ricorrete all'esagerazione. «*Abita sotto un ponte? In una grotta?*» domanderete. Una volta che avrete ottenuto *casa* domandate «*In quale casa? Casa mia?*», «*Casa sua*» diranno i più svegli. Chiedete allora che vi si dica tutta la frase di Roberto e otterrete probabilmente «*Qui vicino, a pochi chilometri da casa tua*». Dite che la casa è di Giovanna e del marito e date poi, qualora la classe non lo conoscesse, il possessivo plurale. A questo punto domandate alla classe «*Perché Roberto ha telefonato? Cosa vuole?*». «*Andare da Giovanna*» vi risponderanno. «*E allora com'è la domanda?*». Quando avrete ottenuto «*Posso venire da voi?*», darete la frase come appare nel dialogo. Per *Certo* basterà un movimento della testa; per *vieni* un movimento della mano; per *ti aspetto* basterà che guardiate due o tre volte l'orologio simulando appunto l'attesa. Per l'ultima frase di Roberto (*Bene. Allora fra un quarto d'ora arrivo.*), cercate di ottenere prima il verbo *arrivare* (avvicinatevi a un oggetto in classe e una volta «arrivati» chiedete alla classe quale verbo avete simulato). Domandate poi «*Quando arriva Roberto?*». Chiedete adesso alla classe «*Che ore sono?*». Supponiamo che siano le dieci, direte «*Roberto arriva alle 10.45*». Non dovreste a questo punto essere troppo lontani dalla frase voluta. Qualora fosse necessario, scrivete alla lavagna la sottrazione 10.45 meno 10.30. La preposizione *fra* è stata già presentata nel corso della sesta lezione. Correggete e concludete il dialogo con l'ultimo enunciato di Giovanna.

Lezione 9, (2) Dialogo

Riproducete innanzitutto su un lucido l'illustrazione di pagina 114 del manuale e proiettatela con una lavagna luminosa. Indicate il cameriere e dite semplicemente «*Saluta i clienti*». Indicando poi prima la donna e poi l'uomo, direte «*Rispondono al saluto*». Vi basterà a questo punto indicare il tavolo per ottenere la battuta seguente (analoga a quella del punto 2 della terza lezione), correggendo eventualmente il verbo *riservare* con *prenotare*. È chiaro che a questo punto il cameriere domanda a che nome il tavolo è stato prenotato. La battuta dovrebbe perciò venire spontaneamente, anche se con ogni probabilità otterrete un «*Come si chiama?*», che correggerete nella domanda così come compare nel dialogo. Non avrete difficoltà ad ottenere la battuta successiva del cameriere che, indicando il tavolo, non può veramente dire altro. Altrettanto ovvia è la cavalleresca domanda dell'uomo alla donna. Una volta ottenuto il suo consenso non resta che una cosa da fare: sedersi. Darete voi la forma *Si accomodino*, spiegando alla vostra classe che, trattandosi di una situazione, molto formale, il cameriere dà del loro ai clienti invece del più consueto voi.

Lezione 9, (4) Dialogo

Un modo diverso di presentare il dialogo è quello di trasformarlo in un dettato che, secondo la definizione proposta dalla Di.L.It. di Roma dove questa tecnica è stata elaborata, chiameremo *dettato puzzle*. Procedete nel modo seguente.

Con il libro chiuso fate ascoltare il dialogo alla classe. Dite quindi ai vostri studenti che ascolteranno di nuovo molte volte il brano e che al tempo stesso dovranno scrivere quanto nel dialogo è detto. «*Naturalmente* – direte – *il registratore non si fermerà ad aspettare che voi scriviate ogni parola. E allora dovrete scrivere in questo modo*» e a questo punto traccerete delle brevi linee alla lavagna, così come indicato qui sotto, spiegando che ogni linea rappresenta una parola.

_____   _____ _____
_____   _____ _____
_____   _____ _____   _____
....

«*Dopo un primo ascolto* – direte ancora – *scriverete forse la prima parola e poi forse la quinta e poi forse la nona e poi forse la dodicesima. Quindi, dopo che avrete ascoltato una seconda volta, scriverete forse anche la seconda parola e poi forse la sesta e forse ancora la quindicesima. Più volte ascolterete* – spiegherete alla classe, – *più parole avrete; e alla fine confronterete con gli altri quanto avrete scritto.*»

Più che le descrizioni astratte varrà l'esempio; darete quindi il tempo ai vostri studenti di aprire il quaderno su una pagina bianca e farete quindi partire il registratore. Fate ascoltare l'intero brano sei o sette volte e, ad ascolti ultimati, formate delle coppie di studenti che confronteranno fra loro quanto scritto. Molte delle parole che compaiono nel dialogo sono i piatti elencati nel menù di pagina 113, consentirete allora di aprire il libro ma soltanto per consultare la pagina detta. È assolutamente proibito andare a sbirciare il dialogo al punto 4!

Ad ogni nuovo ascolto cambierete le coppie, in modo che alla fine ogni studente abbia confrontato con parecchi altri studenti. È possibile che alla fine degli ascolti nessuno abbia ancora il testo completo. Dite allora che dove non è arrivato l'orecchio dovranno arrivare le conoscenze grammaticali e le capacità deduttive. «*Se siete sicuri di avere capito un sostantivo* – direte – *e non riuscite a capire qual è la parola che lo procede, è molto probabile che questa sia un articolo. Se invece la parola che non riuscite a capire è quella che segue, è probabile che si tratti di un aggettivo o di un verbo.*» Come in un puzzle i vostri studenti dovranno lavorare di fantasia partendo da diversi agglomerati di parole, esattamente come avviene in un puzzle, dove ci si muove in tutte le direzioni partendo da diversi agglomerati di tessere; e esattamente come in un puzzle gli studenti dovranno presumere le parole mancanti senza combinare fra loro forme grammaticalmente (e logicamente) non combinabili.

Quando la serie di ascolti sarà finita e tutti gli studenti avranno confrontato fra loro, fatevi dettare il testo, e ogni volta che in esso ci sarà una lacuna, prima di dare voi la parola, cercate di portare la classe a «trovare» la parola, se questa è conosciuta, oppure spiegatene la funzione, se la parola è ignota. Per esempio se i vostri studenti alla seconda battuta avessero capito *Mah, ... maccheroni alla siciliana, penne all'arrabbiata, risotto ai funghi*, cercate di far capire loro che quello che manca non può che essere un verbo e che deve essere necessariamente alla prima persona plurale. Se all'ultima battuta invece la classe non avesse capito il *ne* (*però ne vorrei mezza porzione*) che è parola nuova, spiegate che quello che manca è un pronome che significa *di orecchiette*. Insomma, anche qui, come nella tecnica illustrata al punto 5 della seconda lezione, quello che ci si propone è portare lo studente a ragionare in modo che arrivi alla regola grammaticale sentendone, attraverso il ragionamento, l'esigenza.

È ovvio infine che una tecnica di questo tipo è applicabile a tutti i dialoghi del libro (o anche ad altri brani non estratti).

Lezione 11, ④ Dialogo

Fotocopiate innanzitutto su un lucido l'illustrazione a pagina 138 del manuale e proiettatela con una lavagna luminosa. Il disegno mostra il dottor Fumagalli nel momento in cui sta entrando nell'ufficio della signora Turrini. Assumete il suo ruolo, mimate l'atto di bussare e, una volta schiusa la porta, chiedete agli studenti che cosa domanda. Ottenuta la risposta, domandate «*Cosa risponde la signora Turrini?*». Passerete poi ai saluti fra i due. «*La signora invita adesso il dottor Fumagalli a parlare*» direte e avrete senz'altro *mi dica*. La classe conosce l'espressione *avere un colloquio di lavoro* dalla dizione di pagina 137 che introduce il questionario. Potete rimandare la classe ad essa, oppure chiedere «*Che cosa ha fatto il dottor Fumagalli oggi?*». Una volta ottenuta la prima parte della risposta dove il dottor Fumagalli ripete il verbo, direte alla classe che il dottor Fumagalli deve adesso riferire con più precisione i colloqui. Cercate di guidare la classe verso l'enunciato *sono venute due persone* in modo da sostituire *due* con *diverse* e in modo da arrivare quindi a *fra queste* (usate le dita delle mani per indicare che sceglìete due persone fra una quantità maggiore). «*Come sono queste due persone?*» direte, chiedendo alla classe di fornirvi un aggettivo al quale chiederete in seguito di unire un avverbio. Per ottenere (o più probabilmente per far capire) il *cioè,* direte che la signora Turrini chiede ulteriori spiegazioni. Per la risposta del dottor Fumagalli non dovreste avere difficoltà di nessun genere.

Lezione 13, ⑦ Dialogo

Riproducete su un lucido l'illustrazione a pagina 169 e proiettatela con una lavagna luminosa. Dite quindi alla classe che nella prima battuta di Marco ci sono un'informazione e una richiesta. Cercate di portare gli studenti a formulare una frase del tipo *C'è qualcosa in frigorifero* in modo da poter chiedere «*Chi ha messo le cose in frigorifero?*». Arriverete in questo modo alla frase *Ho messo qualcosa in frigorifero* e quindi – poiché Marco parte – *Ho lasciato qualcosa in frigorifero.*

A questo punto viene spontanea la richiesta, o meglio l'invito, a servirsi liberamente. È chiaro che quello che si trova in un frigorifero può essere solo mangiato o bevuto. È importante arrivare ai due inviti *mangia* e *bevi* in modo da chiedere alla classe «*Mangiare e bere cosa?*». È chiaro che il dovere dell'ospitalità non limiterà il mangiare e bere soltanto ad alcuni alimenti.

Arriverete molto probabilmente alla frase *Mangia che vuoi*. A questo punto dovrete soltanto apportare la correzione necessaria.
Per avere *quindi* (apparso già molte volte) basterà che chiediate una congiunzione che unisca le due frasi costruite fino a questo punto. Per ottenere *insomma* dovrete invece arrivare prima all'enunciato *sentiti a casa tua* che è tra l'altro il titolo dell'unità. Chiedete alla classe «*Dove può uno mangiare quello che vuole, bere quello che vuole, fare quello che vuole?*». La risposta non può che essere *a casa sua*. «*Bene* – direte – *cosa dice allora Marco a Marisa?*». A questo punto dovrete, crediamo, semplicemente correggerel *ti senti* che qualcuno vi dirà in *sentiti* e chiedere poi qual è la congiunzione che introduce la frase. (La congiunzione *insomma* è stata messa in evidenza già nella quinta unità). «*Proprio parlando di quello che c'è in frigorifero* – direte – *Marco si ricorda degli yogurt*». Cercate di arrivare alla frase *Ho lasciato degli yogurt in frigorifero*, quindi ripetetela, ma prima di pronunciarla fate schioccare le dita così come appunto si fa quando si ricorda qualcosa. Domandate: «*Cosa si dice quando uno parlando di qualcosa, si ricorda di un'altra cosa?*». Al punto 4 di questa lezione è presente *e anzi* che ha proprio il significato di *a proposito*; se qualche studente ve lo dirà, non dovrete far altro che accettare la sua risposta e dare l'altra possibilità *a proposito*. A questo punto domandate cosa si fa di solito con uno yogurt e arrivate all'imperativo *mangiali*. «*Perché* – chiederete – *Marco chiede a Marisa di mangiare gli yogurt?*». Spiegate poi che sotto o sopra ogni vasetto di yogurt c'è una data dopo la quale lo yogurt non è più buono, *va a male* spiegherete alla classe. Inventate una data di scadenza prossima e poi dite «*Allora oltre questa data gli yogurt ...*», «*Vanno a male*» vi sentirete rispondere. «*Bene* – direte – *ditemi che parola manca in questa frase: mangiali .... vanno a male*». È probabile che qualcuno vi dirà «*mangiali perché vanno a male*». Lo correggerete dicendo: «*Mangiali, perché se non li mangi vanno a male*», e poi «*Io voglio una sola parola che sostituisca la frase perché se non li mangi*». Sarete voi probabilmente a dover dire la parola *altrimenti*, ma il concetto a questo punto sarà chiarissimo.

Lezione 15, ② Dialogo

Il dialogo si ricostruisce facilmente. Schizzate innanzitutto due figure alla lavagna oppure proiettate la fotografia di pagina 193 del manuale che avrete riprodotto su un lucido. Dopo aver fatto salutare Marta e Roberto simulate di essere una terza persona X che dice a Marta: «*Roberto è stato in Francia*». Date quindi la parola a Marta chiedendo alla classe cosa dice la

ragazza a Roberto per comunicargli di essere informata del suo soggiorno in Francia. Qualora vi si dicesse la frase *X mi ha detto che*, direte che volete l'enunciato in prima persona. Qualora poi nessuno componesse la frase con il verbo *sapere*, sarete voi a fornirlo agli studenti, chiedendo loro che formino la frase con quel verbo. Alla risposta di Roberto dovrete semplicemente aggiungere la durata del soggiorno. Chiederete alla classe «*Quanto tempo è stato in Francia Roberto?*», e, se nessuno saprà rispondervi, scriverete alla lavagna *1–31 luglio* e avrete senz'altro la risposta.
Assumete adesso una espressione di piacevole sorpresa per introdurre la battuta di Marta. Qualche studente ricordando quanto imparato nella sesta lezione vi dirà forse «*Ah, bene, bene*» (punto 4) o «*Ah però!*» (punto 6). Ottenuto un enunciato di questo tipo fornirete voi la risposta spiegando che la parola *accidenti*, già incontrata alla decima lezione (*accidenti a me!*) se seguita, come in questo caso da *bello*, (parola che darete voi) può esprimere anche il compiacimento. La risposta di Roberto non è che la conferma di quanto ha detto Marta. La domanda della ragazza dovrebbe sorgere spontanea. Direte alla classe «*Roberto è stato un intero mese in Francia. Si può restare tanto tempo in un paese straniero per diverse ragioni. Cosa gli domanda Marta?*». La risposta di Roberto non tarderà, essendo nel questionario dell'ascolto con cui inizia la lezione.

Giochi

In questo capitolo troverete dei suggerimenti che vi aiuteranno a esercitare o a ricapitolare in forma ludica quanto viene presentato nel manuale.
Si tratta di giochi che pur non facendo parte integrante del manuale, possono essere adottati sia per facilitare l'apprendimento di strutture che potrebbero risultare difficili per lo studente, sia per fissare quanto è stato imparato o anche per rendere la lezione meno «scolastica» e più divertente. Il gioco contribuisce inoltre a creare in classe un'atmosfera rilassata e favorisce il contatto fra gli studenti.

Alcune di queste attività sono di breve durata e si prestano a «riempire» dei vuoti (per esempio quando mancano pochi minuti alla fine della lezione e c'è poco tempo per iniziare qualcosa di nuovo) o per far muovere gli studenti dopo che sono stati troppo tempo seduti. Altre richiedono un po' più di tempo: stabilite sempre un limite e non continuate a giocare ad infinitum.

Alcuni dei giochi che presentiamo possono essere usati, fatti gli opportuni cambiamenti, anche nel corso di altre lezioni. Sarà compito dell'insegnante fare quelle variazioni che permettano al gioco di essere usato a un livello diverso da quello per il quale l'abbiamo proposto.

Identità fittizia (Lezione 1)

Scopo dell'attività: chiedere e dare informazioni sulla propria identità
Come si svolge: in coppie
Durata: 2–3 minuti

Preparate delle schede del tipo di quelle illustrate alla pagina seguente e distribuitele ai vostri studenti dicendo loro che dovranno assumere l'identità della persona presentata in ogni scheda. Invitateli quindi ad alzarsi e a muoversi per la classe. Quando direte loro di fermarsi, i due studenti più vicini dovranno intervistarsi reciprocamente. Quando l'intervistà sarà completa, gli studenti ricominceranno a muoversi per la classe. Al vostro stop, si formeranno delle nuove coppie.

Angelo/Angela Negri	Franz/Franziska Nolte
S. Gimignano	Stoccarda
operaio/operaia	insegnante

Addizioni e sottrazioni (Lezione 1)

Scopo dell'attività: esercitare i numeri
Come si svolge: in due squadre
Durata: 5 – 10 minuti

Scrivete un'addizione e una sottrazione alla lavagna (per esempio 2 + 2 e 5 – 3), scrivendo allo stesso tempo le domande che si fanno quando si vogliono conoscere i risultati (Quanto fa ... più/meno ... ?). Dividete adesso la classe in due gruppi dicendo loro che dovranno confrontarsi in una gara di calcolo. Ognuno dei membri di un gruppo dovrà porre una domanda (una addizione o una sottrazione) a un membro dell'altro gruppo. Il risultato della somma non potrà essere superiore a 20 né quello della sottrazione inferiore a 0. Ognuno degli studenti dovrà porre una domanda e rispondere a una di esse. Per ogni risposta esatta si guadagna un punto. Vincerà ovviamente la squadra che alla fine avrà totalizzato più punti.

Indovina il numero (Lezione 3)

Scopo dell'attività: esercitare i numeri
Come si svolge: in gruppi
Durata: 5 – 10 minuti

Dividete la classe in gruppi di quattro o cinque persone. Uno studente pensa un numero e lo scrive su un foglietto, senza farlo vedere agli altri. I suoi compagni devono indovinarlo dicendo, uno dopo l'altro, dei numeri. Lo studente che ha pensato il numero deve dire ogni volta solo *di più*, se il numero è minore di quello che ha pensato, oppure *di meno* se il numero è maggiore. Chi indovina deve poi pensare a un altro numero. Date un limite di tempo (cinque o dieci minuti) trascorso il quale interromperete il gioco. Prima di dividere la classe in gruppi, si consiglia di provare una volta il gioco in plenum.

Riconosci il numero (Lezione 3)

Scopo dell'attività: esercitare i numeri
Come si svolge: in due squadre
Durata: 5 – 10 minuti

Un altro gioco un po' più «movimentato» consiste nello scrivere in disordine alla lavagna i numeri imparati fino a questo momento e procedendo nel modo seguente: Dividete la classe in due squadre che si disporranno formando una fila a una certa distanza dalla lavagna. Date quindi alla prima persona di ogni fila un gesso o un pennarello di colore diverso. A questo punto pronuncerete ad alta voce un numero di quelli che avrete precedentemente scritto alla lavagna, e le persone che hanno il gesso o il (pennarello) devono correre e tracciare un cerchio intorno al numero. Vince chi arriva prima e segna il numero esatto. Il gesso (o il pennarello) passa poi alla seconda persona della fila e si continua così fino all'esaurimento dei numeri. Vince la squadra che totalizza più punti.

Cerca una persona che ... (Lezione 4)

Scopo dell'attività: far muovere gli studenti dopo una fase sedentaria, favorire la comunicazione e la socializzazione, ripetere lessico o strutture morfosintattiche
Come si svolge: in gruppo
Durata: 10 – 15 minuti

Questo è un gioco a cui partecipano tutti gli studenti contemporaneamente. Ognuno di loro riceve un foglio su cui sono riportate delle frasi di questo tipo:

Cerca una persona che ....

a. ha un amico/un'amica in Italia ____________________

b. parla tre lingue ____________________

c. studia l'italiano per hobby ____________________

d. abita qui da poco tempo ____________________

e. conosce una città italiana ____________________

f. viene a scuola a piedi ____________________

g. non fa colazione ____________________

h. non beve alcolici ____________________

i. non ha la patente ____________________

Ogni studente va in giro per la classe e domanda per esempio a uno dei suoi compagni: «*Conosci/conosce una città italiana?*»
Se l'intervistato dice di no, lo studente può rivolgergli ancora una domanda; se risponde di sì, lo studente che ha posto la domanda segnerà sullo spazio libero relativo il nome della persona intervistata ed eventualmente gli chiederà anche quale città conosce.
Dopo alcuni minuti l'insegnante interrompe l'attività e chiede ad esempio agli studenti: «*Allora, chi conosce una città italiana?*», e uno degli studenti che ha trovato la persona ne dirà il nome.
A questo punto l'insegnante potrà chiedere quale città conosce la persona nominata e l'altro riferirà. L'insegnante potrà continuare a chiedere se c'è ancora una persona che ha risposto affermativamente alla stessa domanda o passare ad un'altra e così via.

Il gioco può essere svolto nella sesta lezione per esercitare il passato prossimo (*Cerca una persona che è stata in Italia*) e nella ottava per esercitare i verbi riflessivi (*Cerca una persona che si sveglia presto la mattina* etc.).

Indovina qual è! (Lezione 5)

Scopo dell'attività: descrivere capi di abbigliamento
Come si svolge: in coppie
Durata: 5 – 15 minuti
Occorrente: Foto di capi di abbigliamento tratte da riviste di moda.

Ogni studente riceve una foto di moda tratta da una rivista specializzata. È importante che le foto siano colorate, che sia possibile descrivere diversi particolari e che alcune delle foto siano simili, in modo da fungere da *distraenti*. L'ideale sarebbe che queste foto fossero incollate su cartoncini o su fogli di carta e che venissero presentate agli studenti rovesciate, ossia con l'immagine rivolta verso il basso.
Ogni persona pesca a caso una fotografia e fa attenzione a non mostrarla agli altri. Si formano poi delle coppie in cui gli studenti siedono schiena contro schiena. Ognuno descrive al partner la sua foto.
Durante la descrizione chi ascolta può chiedere delle precisazioni al partner. Scaduto il tempo stabilito, l'insegnante raccoglie le fotografie e le mette sopra un tavolo (o per terra) alla rinfusa. Osservandole, ogni studente dovrà riconoscere la foto che gli è stata descritta dal partner.

Hai voglia di ...? (Lezione 6)

Scopo dell'attività: parlare liberamente
Come si svolge: in gruppo
Durata: 10 – 15 minuti
Occorrente: un foglio di agenda comprendente tutti i giorni della settimana.

Ogni studente riceve la fotocopia di una pagina d'agenda con i giorni della settimana e i vari orari. Ha 5 minuti di tempo per scriverci tutti gli impegni che ha, deve però lasciare liberi una mattina, un pomeriggio e due sere.
Poi ogni studente cerca di fissare, nel suo tempo libero, degli appuntamenti con alcuni dei suoi compagni. Vince chi, dopo un limite di tempo stabilito (p. es. 10 minuti) riesce a combinare il maggior numero di appuntamenti, o la persona che riesce a «occupare» tutto il suo tempo libero prima della scadenza stabilita per la durata del gioco.

Il filetto (Lezione 8)

(l'idea è tratta da Comunicare subito, Edizioni Dilit, Roma 1981)

Scopo dell'attività: ricapitolare quanto appreso nel corso della lezione
Come si svolge: a squadre
Durata: 15 – 20 minuti

Il gioco del filetto o tris è generalmente abbastanza conosciuto e non solo in Italia. Consiste nel cercare di completare con una croce (X) o con uno zero (O) le caselle in senso orizzontale, verticale o diagonale e naturalmente, nell'essere più veloci o scaltri dell'avversario. Si gioca in due, alternandosi nel segnare le croci o gli zeri.
In questa versione didattica per vincere gli studenti dovranno completare le caselle con le domande o con le risposte.

Dividete la classe in due squadre.

Fotocopiate il gioco in modo che ogni studente ne abbia una copia (o scrivetelo semplicemente alla lavagna, invitando gli studenti a copiarlo su un foglio o sul loro quaderno).

Entro un certo limite di tempo (per esempio 10 minuti) gli studenti dei due gruppi dovranno completare le caselle consultandosi e mettendosi poi d'accordo sulla soluzione.

Trascorso questo limite di tempo, decidete quale sarà la squadra che dovrà iniziare (magari lanciando in aria una monetina).
La squadra designata sceglierà una delle caselle (p. es. la n. 1). Se saprà completarla esattamente (Come ti chiami?/si chiama?) si aggiudicherà il punto (e voi segnerete una grande X o uno O sulla casella) e poi toccherà alla squadra avversaria.
Se la soluzione sarà sbagliata, non aggiudicherete il punto e toccherà subito all'altra squadra.

Vince la squadra che riesce a completare tre caselle di seguito in senso orizzontale, verticale o diagonale.

Durante il gioco potrete accettare le soluzioni dei vostri studenti soltanto oralmente(e quindi trascriverle) o invitare uno del gruppo a scrivere la soluzione alla lavagna (nel caso voleste controllare anche l'ortografia).

Può succedere che una squadra sia molto più brava dell'altra e che quindi riesca a vincere quasi subito, completando tre o quattro caselle del gioco. Che fare con le altre? Se c'è poco tempo, potete cercare le soluzioni in plenum, se invece avete ancora voglia e tempo di continuare il gioco, assegnate il «primo premio» alla squadra vincitrice e proseguite il gioco assegnando il secondo premio alla squadra che riuscirà a completare il maggior numero di caselle.
Ecco un filetto da far svolgere alla fine dell'ottava lezione.

(1) .... ? No, dormo fino a mezzogiorno	(2) Cosa sta facendo Franco? .... la televisione.	(3) .... ? No, mi dispiace ho un impegno.
(4) .... Auguri!	(5) .... ? Certo, vieni, ti aspetto.	(6) Come passi la mattina? ....
(7) .... ? No, anzi, mi diverto.	(8) Si sta bene al club? Benissimo, io .... un mondo	(9) Non c'è nessuno? .... tutti.

Come avete visto il filetto è un gioco che si prepara molto facilmente. Non avrete perciò difficoltà, crediamo, a crearne altri, ricorrendo per esempio alle frasi del test finale di ogni lezione. Il filetto diventerà così un gioco ricapitolativo sul contenuto morfosintattico della lezione svolta. Attenzione però a non ripetere troppo spesso quest'attività.

Quante domande! (Lezione 9)

Scopo dell'attività: insegnare a porre le domande
Come si svolge: a squadre
Durata: 10 – 15 minuti

Si ritorna al testo di pagina 122. L'insegnante invita gli studenti a formulare delle domande sul contenuto del testo. Es. *Da quanto tempo esiste la locanda Da Merzi*? A questo punto divide la classe in due gruppi che avranno il compito di preparare il maggior numero di domande possibili in un periodo di tempo stabilito. Scaduto il limite di tempo l'insegnante decide quale squadra deve cominciare a porre le domande (lanciando in aria una moneta). Per ogni domanda posta correttamente e con la giusta intonazione, l'insegnante assegna un punto. Le squadre giocano alternandosi (ciascuna pone cioè una domanda per volta). Vince la squadra che ha posto il maggior numero di domande corrette. Una domanda già posta non può essere ripetuta dalla squadra avversaria.

Indovina qual è! (Lezione 12)

Scopo dell'attività: descrivere un ambiente
Come si svolge: in coppie
Durata: 10 – 15 minuti
Occorrente: Foto di ambienti tratte da riviste di arredamento.

Potete riprendere l'attività proposta per la lezione 5 ritagliando però le figure da riviste di arredamento o dando agli alunni delle foto di case.

Aguzzate la vista (Lezione 12)

Scopo dell'attività: descrivere un ambiente
Come si svolge: in coppie
Durata: 10 – 15 minuti

L' attività consiste nel far confrontare le due stanze riprodotte a pagina 208 di questa guida. Gli studenti, stando seduti schiena contro schiena, dovranno stabilire in che che cosa differiscono i due disegni.

Canzoni

Il modo più naturale di ascoltare una canzone dovrebbe essere quello di ascoltarla come si fa in genere quando si ascolta un disco o si segue una trasmissione alla radio o alla televisione. In classe quindi lo studente potrebbe ascoltarla una o più volte senza leggere il testo, così come si procede normalmente per la comprensione auditiva. In questo caso si può chiedere allo studente di concentrarsi sul contenuto oppure su singole parole che riesce a captare. Non bisogna tuttavia dimenticare che, rispetto ad un testo orale, la canzone risulta più difficile da capire. Se si pretende dallo studente un'attività di comprensione auditiva, non gli si dovrebbe far ascoltare una canzone troppo ritmata o in cui le parole vengano pronunciate poco chiaramente. Dopo aver ascoltato una o più volte la canzone, lo studente riceverà il testo, che potrà essere intero, spaziato, accompagnato da disegni, o diviso in brani che serviranno a ricostruirlo.
Naturalmente, oltre che con l'ascolto, si può iniziare a presentare una canzone anche facendo leggere il testo. In questo caso si procederà come in un'attività di comprensione scritta. Se lo studente avrà davanti il testo intero, gli si chiederà di parlare del contenuto con i compagni. Se avrà davanti un puzzle di brani, gli si chiederà di ricostruire il testo. Quest'attività naturalmente non può essere svolta con tutte le canzoni, vi si prestano solo quelle in cui c'è una storia o che hanno un filo logico.
Partendo dal testo, prima di far ascoltare la canzone, si possono far fare supposizioni agli studenti sia sul tipo di musica o di ritmo che la canzone potrebbe avere, sia sull'interprete (uomo, donna, duo, complesso etc.).

In queste ultime pagine troverete alcune canzoni che potrebbero accompagnare o integrare le lezioni del nostro libro. Si tratta di canzoni relativamente facili, adatte ad un livello elementare. I procedimenti suggeriti possono essere naturalmente adattati anche ad altre canzoni di vostra scelta. I testi, riportati a partire da pagina 196, potranno essere fotocopiati e distribuiti agli studenti.

Come è bella la città! (Lezione 4)

Interpretata da Giorgio Gaber, testo di Alessandro Luporini, musica di Giorgio Gaber

Obiettivo: ampliare il vocabolario relativo alla città.
Procedimento: Chiedete innanzitutto agli studenti come può essere una città. Scrivete quindi alla lavagna gli aggettivi che la classe vi ha fornito. Fate adesso ascoltare una volta la canzone e chiedete agli studenti quali degli aggettivi che avete precedentemente scritto hanno sentito (se ce ne sono), e quali altri sono riusciti a capire. Scrivete questi ultimi alla lavagna. Chiedete adesso cosa ci può essere in una città e procedete come avete già fatto per gli aggettivi (raccolta di vocaboli e nuovo ascolto).
Dividete a questo punto la classe in gruppi e distribuite loro dei cartoncini sui quali avrete incollato le immagini riprodotte a pagina 205 e avrete scritto il nome corrispondente all'immagine (*grattacieli, scale mobili, magazzini, vetrine, macchine, réclames*). Ogni gruppo riceverà un set di cartoncini. Fate ascoltare ancora una volta la canzone. Compito degli studenti sarà adesso quello di prendere quei cartoncini sui quali appare l'immagine nominata. Ovviamente il cartoncino potrà essere afferrato soltanto nel momento in cui la parola sarà stata pronunciata. Distribuite adesso il testo spaziato e fate ascoltare ancora una volta la canzone. All'ascolto seguirà un confronto fra gli studenti di ogni gruppo secondo il procedimento spiegato per il dettato (vedi pagina 37 di questa guida).
Alla fine potrete chiedere ai vostri studenti se preferiscono vivere in campagna o in città e perché.

Vengo anch'io, no tu no (Lezione 6)

Interpretata da Enzo Jannacci, autori E. Jannacci / F. Fiorentini / D. Fo

Obiettivo: Riprendere in modo scherzoso il tema trattato nella seconda parte della lezione e cioè fare una proposta.
Procedimento: Distribuite alla classe il foglio con il testo.Gli studenti, prima di ascoltare la canzone, dovranno inserire le strofe in corsivo negli spazi lasciati liberi nel testo. Al successivo confronto fra gli studenti, seguirà l'ascolto della canzone per verificare se le strofe sono state inserite nell'ordine giusto.

In bicicletta (Lezione 11)

Interpretata da Riccardo Cocciante, testo di MOGOL, musica di Riccardo Cocciante

Obiettivo: Rinforzare l'uso del gerundio.

Procedimento n.1: Dividete la classe in piccoli gruppi a ciascuno dei quali consegnerete il testo tagliato in tante strisce di carta di due righe ciascuna. Ascoltando la canzone i gruppi dovranno ricomporre il testo.

Procedimento n.2: Se avete una classe numerosa potete procedere nel modo seguente. Distribuite a ogni studente una parte del testo. Fate quindi ascoltare la canzone. Sentendo cantare il proprio brano gli studenti si alzeranno e si disporranno in fila secondo l'ordine del testo. Alla fine ognuno scriverà alla lavagna il proprio brano.

Attenti al lupo (Lezione 12)

Interpretata da Lucio Dalla, autore RON

Obiettivo: Rivedere alcuni diminutivi.

Procedimento: Fotocopiate e distribuite alla classe il testo spaziato a pagina 199. Scrivete alla lavagna le seguenti parole: *amore, bosco, cappello, casa, catena, cicale, donna, finestre, lupo, mare, occhi, prato, profumo, rumore, sogno, uomo.* Direte agli studenti che alcune di queste parole sono presenti nel testo nella forma diminutiva. Il loro compito sarà quello di ascoltare la canzone e di inserire le parole scritte alla lavagna o il loro diminutivo negli spazi vuoti.

Quattro amici (Lezione 15)

Interpretata da Gino Paoli, testo di Paola Penzo, musica di Gino Paoli

Obiettivo: Riflettere sull'uso dell'imperfetto e del passato prossimo.

Procedimento n.1: Distribuite il testo della canzone e chiedete ai vostri studenti di coniugare al passato prossimo o all'imperfetto i verbi all'infinito. Riunite gli studenti a coppie e fateli confrontare fra loro, quindi fate ascoltare la canzone.

Procedimento n.2: Fate ascoltare un paio di volte la canzone. Alla fine di ogni ascolto invitate agli studenti a confrontare fra loro quanto hanno capito del testo. Distribuite quindi il testo e procedete come descritto sopra.

APPENDICE

Come è bella la città!

Attenzione: le parole scritte in corsivo sono quelle che dovrete cancellare prima di consegnare il testo agli studenti.

Vieni, vieni _*in*_ città.

Che _*stai*_ a _*fare*_ in campagna?

Se tu _*vuoi*_ farti una vita,

*devi* venire _*in*_ città.

*Come* è _*bella*_ la città!

*Come* è _*grande*_ la città!

*Come* è viva la città!

*Come* è allegra la città. Piena di _*strade*_ e di _*negozi*_

e di _*vetrine*_ piene di luce,

con _*tanta*_ gente che _*lavora*_ ,

con _*tanta*_ gente che produce.

Con le _*réclames*_ sempre più _*grandi*_ ,

coi _*magazzini*_ , le _*scale mobili*_ ,

coi _*grattacieli*_ sempre più alti,

e tante _*macchine*_ sempre di più.

Vengo anch'io, no tu no

Si potrebbe andare tutti quanti allo Zoo Comunale
vengo anch'io? no, tu no!

....

....

e vedere di nascosto l'effetto che fa
vengo anch'io? no, tu no!
ma perché? perché no!

Si potrebbe andare tutti quanti, ora che è primavera
vengo anch'io? no, tu no!

....

....

e vedere di nascosto l'effetto che fa
vengo anch'io? …

Si potrebbe poi sperare tutti in un mondo migliore
vengo anch'io? no, tu no!

....

....

e vedere di nascosto l'effetto che fa
vengo anch'io? …

Si potrebbe andare tutti quanti al tuo funerale
vengo anch'io? no, tu no!

....

....

e vedere di nascosto l'effetto che fa
vengo anch'io? …

per vedere se la gente poi piange davvero
e capire che per tutti è una cosa normale

per vedere come stanno le bestie feroci
e gridare: Aiuto, aiuto, è scappato il leone!

dove ognuno sia già pronto a tagliarti una mano
un bel mondo sol con l'odio ma senza l'amore

con la bella sotto braccio a parlare d'amore
e scoprire che va sempre a finire che piove

In bicicletta

Passeggiando in bicicletta accanto a te.
Pedalare senza fretta la domenica mattina.
Fra i capelli una goccia di brina.
Ma che faccia rossa da bambina.
Fai un fumetto respirando,
mentre mi sto innamorando.

Lungo i viali silenziosi insieme a te.
Con quegli occhi allegri accesi d'entusiasmo ragazzino.
«Che ne dici, ci mangiamo un panino?
C'è un baretto proprio qui vicino.»
Mentre il naso ti stai soffiando,
io mi sto sempre più innamorando.

Ed il pensiero va.
Oltre quel giardino
vedo una casa e poi
vedo un bimbo e noi.

Passeggiando in bicicletta accanto a te.
Pedalare senza fretta sentendoti vicina.
«Da che parte adesso siamo, indovina.»
Il futuro è nato stamattina.
Prima freno, poi discendo.
Scusami se ti sto abbracciando.

Attenti al lupo

C'è una ____________ piccola così
con tante ________________ colorate
e una ________________ piccola così
con due ______________ grandi per guardare.
E c'è un ______________ piccolo così
che torna sempre tardi da lavorare,
e ha un _____________ piccolo così,
con dentro un ____________ da realizzare,
e più ci pensa e più non sa aspettare.

__________ mio non devi stare in pena,
questa vita è una ____________ ,
qualche volta fa un po' male.
Guarda come son tranquilla io,
anche se attraverso il ____________
con l'aiuto del buon Dio
stando sempre attenta al ___________ .
Attenti al ___________!
Attenti al ___________!

Laggiù c'è un ____________ piccolo così
con un gran ___________ di ____________
e un ____________ dolce e piccolo così.
Amore mio è arrivata l'estate.
Amore mio è arrivata l'estate.
e noi due qui distesi a far l'___________
in mezzo a questo ___________ di ___________ .
Questo ___________ piccolo così,
ma tanto grande che mi sembra di volare
e più ci penso e più non so aspettare.

APPENDICE

Quattro amici

__________ quattro amici al bar	(noi) essere
che __________ cambiare il mondo	(loro) volere
destinati a qualche cosa in più	
che a una donna e ad un impiego in banca	
si __________ con profondità	parlare
di anarchia e di libertà	
tra un bicchier di coca ed un caffè	
__________ fuori i tuoi perché	(tu) tirare
e __________ i tuoi farò.	proporre
__________ tre amici al bar	(noi) essere
uno __________ in una banca	impiegarsi
si può fare molto pure in tre	
mentre gli altri se ne stanno a casa	
si __________ in tutta onestà	parlare
di individui e solidarietà.	
tra un bicchier di vino ed un caffè	
__________ fuori i tuoi perché	(tu) tirare
e __________ i tuoi però.	proporre
__________ due amici al bar	(noi) essere
uno __________ con la donna al mar	andare
i più forti però siamo noi	
qui non serve mica essere in tanti	
si __________ con tenacità	parlare
di speranze e possibilità	
tra un bicchier di whisky ed un caffè	
__________ fuori i tuoi perché	(tu) tirare
e __________ i tuoi sarà.	proporre

_______________ io da solo al bar	rimanere
gli altri sono tutti quanti a casa	
e quest'oggi verso le tre	
_______________ quattro ragazzini	venire
son seduti lì vicino a me	
con davanti due coke e due caffè	
li _______________ chiacchierare	(io) sentire
_______________ di cambiare	(loro) decidere
tutto questo mondo che non va.	

Son qui con quattro amici al bar
che hanno voglia di cambiare il mondo …

E poi ci troveremo come le star
a bere del whisky al Roxy bar
o forse non ci incontreremo mai
ognuno a rincorrere i suoi guai.

Lezione 2

Lezione 2

.... signore!
Un cappuccino, ma caldo ....!
Tenga pure il resto.
Grazie!
..........!
........!
Grazie!
Senta, potrebbe portare ancora un po' di zucchero ....?

Lezione 3

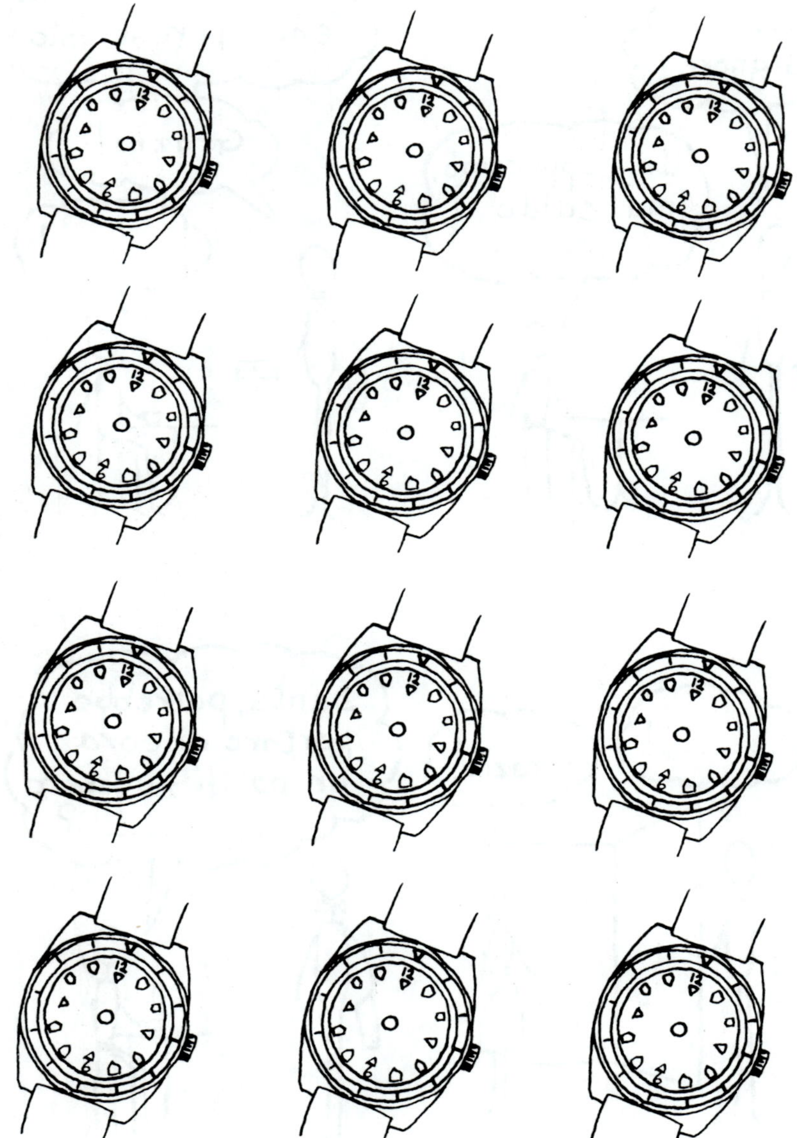

Lezione 4

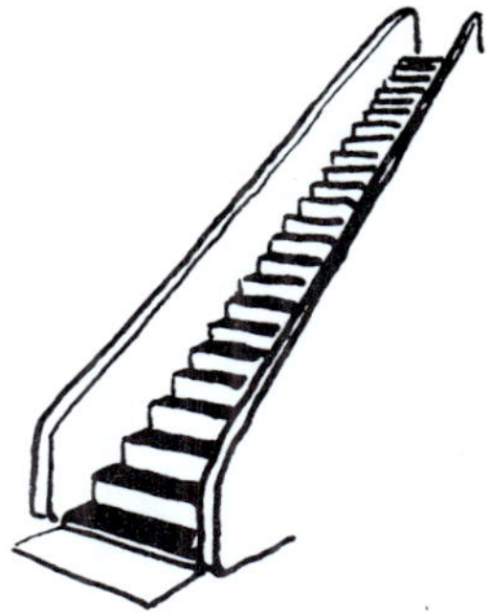

Lezione 5

Lezione 9

Lezione 12